资本流通形态变化对西方国家经济影响——兼论我国产业政策走向

于 玲 著

吉林大学出版社
·长春·

图书在版编目（CIP）数据

资本流通形态变化对西方国家经济影响 ： 兼论我国产业政策走向 / 于玲著.— 长春 ： 吉林大学出版社，2021.3

ISBN 978-7-5692-8093-7

Ⅰ．①资… Ⅱ．①于… Ⅲ．①资本循环－经济影响－研究－西方国家②产业政策－研究－中国 Ⅳ.① F113.4 ② F121

中国版本图书馆 CIP 数据核字 (2021) 第 049029 号

书　　名：资本流通形态变化对西方国家经济影响——兼论我国产业政策走向
ZIBEN LIUTONG XINGTAI BIANHUA DUI XIFANG GUOJIA JINGJI YINGXIANG
——JIAN LUN WO GUO CHANYE ZHENGCE ZOUXIANG

作　　者：于　玲　著
策划编辑：邵宇彤
责任编辑：李伟华
责任校对：单海霞
装帧设计：优盛文化
出版发行：吉林大学出版社
社　　址：长春市人民大街 4059 号
邮政编码：130021
发行电话：0431-89580028/29/21
网　　址：http://www.jlup.com.cn
电子邮箱：jdcbs@jlu.edu.cn
印　　刷：定州启航印刷有限公司
成品尺寸：170mm×240mm　　16 开
印　　张：9.75
字　　数：160 千字
版　　次：2021 年 3 月第 1 版
印　　次：2021 年 3 月第 1 次
书　　号：ISBN 978-7-5692-8093-7
定　　价：49.00 元

≫ 前 言

　　发达资本主义国家的经济结构在 20 世纪 40 年代前就出现了工业和农业在国内生产总值中的比重下降，而第三产业也就是现在的服务业迅速增长的趋势。到 20 世纪 70 年代，服务业成为发达资本主义国家经济结构中占重要地位的产业，工业丧失了其以前的绝对优势，农业在经济发展中的作用极其微弱，其重要地位体现在一国发展中的战略地位，而不再是经济作用。这一经济结构是怎样演变而来的呢？怎样评判服务业的边际效用呢？对于这一经济问题的研究，理论界虽有许多的争论观点和论著，但对于我们所提出的一系列涉及事物的"源头"这样的带有根本性的问题，只是个别碎片性的涉猎，从整体上研究服务业几乎是个"空白"。必须从根本上厘清服务业的产生和演变规律，探索其发生发展的条件、机制与规律，只有这样才能真正看清服务业对国民经济结构的质量、经济运行比例关系及经济增长等问题所产生的质的影响，对发展中国家借鉴发达国家的经验教训，制定真正适合本国经济结构调整而发展服务业的经济政策，避免促进服务业发展时产生盲目性和教条性的错误有一定意义。

　　在 19 世纪还没有服务业（第三产业）这样的概念或范畴，但是，马克思在《资本论》中关于包括服务业在内的"产业"理论思想却十分丰富，可以说马克思的资本形态及资本流通理论是解决上述问题的金钥匙。在资本主义社会中，服务业与产业资本（农业资本和工业资本）一样，是资本的一种社会化存在形态。马克思认为，资本是经济和社会一切活动的主宰者、统治者，被资本家占有的一切物质和非物质都是以资本的面目而存在着，发挥着作用；反过来说，一切物质形态、非物质形态的东西，一切劳动方式、组织方式和业态，只要是被资本家占有，用于生产剩余价值，都是资本，或是资本的具体表达方式、运转机制而已。在马克思、恩格斯生活的年代，他们已经看到了商业、银行借贷业、股份证券业，以及古老的理发、文化文艺业、律师业等服务行业，一旦掌握在资本家手里，或这些行业是通过雇佣劳动者从服务消费中获取利润（剩余价值）时，这些行业就成了资本的化身，成为资本的具体形态了。

这些资本具体形态的存在是由社会总资本运动产生的。资本既是以经济最小单位"企业"存在着，这些单个资本为了获得剩余价值，进行着资本的循环和周转，在循环过程中，资本必须将其总量分为三个部分——货币资本、生产资本和商品资本，这三种资本形态在空间上保持并存，在时间上要相互继起。如果运动中的一个环节出现问题，剩余价值生产就不能完成。在单个产业资本的运动中，已经包含了产业资本被社会分割的必要性和可能性，即专门从事货币经营的资本、专门从事生产剩余价值的资本，以及实现商品价值和剩余价值的资本。这些资本形态又形成自己的循环，这就存在着行业上的资本形态的产生的必要性和可能性。单个资本的总和又构成了社会总资本。社会总资本要想完成剩余价值的生产也必须将资本分为三种形态，即货币资本、生产资本和商品资本，这三种资本形态的表现就是现实的银行业资本、产业资本即工农业资本、商业资本。在马克思所处的年代，执行货币资本和商品资本职能的资本形态就是银行业和商业，这是早期服务业的内容。从根源上说，商业资本来自商人资本，银行资本来自借贷资本，商人资本和借贷资本是在产业资本产生前就已经存在的，产业资本的运动将其内化于资本循环和周转，成为资本循环和周转的一个环节。但是，现代服务业不同，产业资本不再是将已有的服务业资本纳入资本循环周转，而是商业和银行业等服务业资本直接诞生于产业资本循环周转，并独立地维系社会总资本正常循环与周转，它是在行业层面上的资本形态。所以，现代服务业首先从根源上来自资本循环周转中某些运动环节的独立。如产品生产前的研发设计服务、产品生产中的劳动资料的维修保养服务、产品销售中的仓储等都是资本循环中独立出来的服务资本形态，甚至是生产过程中人的要素也需要被"生产加工"，这一过程是在劳动者进入资本流通以前完成的，并且对简单生产的企业来说，这一"生产加工"过程自身难以承担，于是，教育、医疗等服务业发展起来。其次，社会分工为服务业资本的产生奠定物质基础，同时也直接促使服务业的产生。企业内部分工使生产环节细化增多，需要许多工人参与生产，生产规模扩大。当生产规模扩大到一定程度时，不仅不能带来劳动生产率的提高，反而会使生产成本增加，这时，用被简单化了的生产工具生产的环节就会与原生产过程分离，采取专业化生产的方式，这样市场上就出现了新的行业，是生产过程的环节独立出来后直接构成了服务业的一部分。最后，科学技术革命推动了现代服务业的产生。第一次工业革命和第二次工业革命丰富了工业和农业产业资本的生产内容，并且提高了它们的生产效率，正是在这两次工业革命的基础上，工业和农业的机械化、自动化生产水平极大提高，由机械化、自动化带动的服务业初步发展。但资本在追求剩余价值的内在要求下，对生产经营的各个环节进行着改变，最终第三次科技革命爆发了，这次革命使生产走向了智能化、轻型化。首先，这次革命带来的科学技术产生的新行业主要改变了生产的方式，从现象上看是为生产经营活动服务，成为服务业的重要组成部分。其次，科学技术产生了新的资本形态，如新能源、生物技术等。此外，科技革命通过改变资本流通环境产生了新的资本形态。

新资本形态的产生在产业层面上表现为服务业，这一变化对资本主义经济产生了重大影响。首先，资本形态在形式上的变化改变了经济增长动力，服务业资本成为经济增长的主导力量，尤其是服务业中的生产性服务业资本形态取代工业成为经济发展的主动力。其次，服务业资本成为经济增长动力，转变了经济的增长方式。在前两次科技革命中产生的经济影响因素主要是生产要素的投入数量，如资本、劳动和土地等要素决定了经济增长。第三次科技革命使技术和劳动力因素成为经济增长的决定因素，改变了经济增长方式。再次，服务业资本崛起也改变了社会总资本的再生产。在经济以产业资本为主时，社会总资本的再生产要求产业资本内部生产生产资料的部门和生产生活资料的部门保持一定的比例关系，社会总资本的再生产就能顺利进行。当经济以服务业为主导产业时，社会资本的再生产要求的是工业、农业及服务业资本内部生产生产资料的部门和生产生活资料的部门保持一定的比例关系，社会总资本的再生产才能顺利进行。最后，服务业资本形态的出现虽然不能从根本上改变劳资关系，劳动虽然仍从属于资本，但劳动力成为资本获得剩余索取权、改变资本积累的一般表现形式，这在一定程度上影响了资本主义经济运行。

本书得到河北省高等学校人文社会科学重点研究基地河北师范大学公共政策评估中心资助出版，在此表示真诚感谢。

》 目 录

绪　论

一、问题的提出

（一）20 世纪 40 年代后服务业成为整个国民经济的重要部分

随着科学技术的发展，20 世纪 40 年代前发达资本主义经济就出现了第一、二产业下降，第三产业也就是现在的服务业（就是从资本形态转化中独立出来的行业资本）增长的苗头，以当时最发达的资本主义国家英国和美国为例，从农业、工业、服务业就业占全社会就业比重来说，英国 1931 年分别为 6%，45.3% 和 48.7%，而美国 1940 年分别为 20.5%，30.9% 和 48.6%，[①]20 世纪 40 年代前英国和美国的近半数就业人口从事服务业；从农业、工业、服务业产出占社会总产出的比重来说，英国 1935 年分别为 3.9%，38% 和 58.1%，美国 1940 年分别为 12%，35% 和 54%，[②] 英国和美国服务业的产出都已经占到社会总产出的一半以上。服务业发展超过农业和工业。这一趋势在 20 世纪 40 年代后更为突出，服务业呈现出爆炸式增长，自 20 世纪 60 年代至今，美国服务业在国内生产总值中的比重逐年上升，20 世纪 80 年代达到了 64%，90 年代达到 69.8%，[③] 而到 2013 年则达到了 78.6%。[④]服务业成为经济的主导力量，工业丧失了经济发展主动力的地位。并且在 20 世纪 80 年代后，服务业内部结构也发生了巨大变化，传统服务业如商业、运输等行业的比重不断下降。OECD（organization for economic co-operation and development，经济合作与发展组织）国家中，商业、运输业的增加值占服务业增加值的比重不断下降，新兴服务业，如研发设计、个人服务、旅游、房地产等行业的比重不断上升。仍以 OECD 国家为例，金融保险业占服务业增加值的比重由 1980 年的 9.23% 上升到 2005 年的 10.82%，教育娱乐由 1980 年的 1.79% 上升到 2005 年的 2.35%，

---

① Deane P, Cole W A. British economic growth 1688-1959[M].Cambridge: the University Press, 1967: 134.

② Deane P, Cole W A. British economic growth 1688-1959[M].Cambridge: the University Press, 1967: 126.

③ 刘洪 . 国际统计年鉴 1999[M]. 北京：中国统计出版社，1999：108.

④ 中华人民共和国国家统计局 . 国际统计年鉴 2014[M]. 北京：中国统计出版社，2015：48.

房地产业由 1980 年的 11.57% 上升到 2005 年的 13.22%。如果以产值来计算这些新兴服务业在服务业中所占比重，这些增长变化更为突显。这些变化首先改变了资本主义经济的经济结构、经济增长方式，使经济增长出现了新特点，在经济变化的基础上，整个社会的方方面面都发生了深刻的变革。

　　20 世纪 40 年代后，尤其是 60 年代后，新兴服务业为发达国家的经济注入了活力，与 20 世纪 40 年代前的重型工业化相比，出现了"轻型"的特点。首先，产值轻型化。新经济是以科学技术和知识为基础的，相较于 20 世纪 40 年代前工业产品中重工业产品占较大比重，60 年代后工业化过程中的产品以服务产品为主，这些产品多是轻工业产品或无形产品，并且产品附加值高，从总体上看，若产品仍以有形单位计量，20 世纪 40 年代后经济总量会不变甚至可能出现下降，但 20 世纪 40 年代后各国经济总量大幅增长，这主要依赖于无形产品和产品附加值大幅度增长。比如从 70 年代后商务服务、房地产、教育、医疗、文化娱乐等行业所创造的增加值在整个服务业中的比重逐年大幅增长。第二，经济增长依靠知识、技术尤其是信息技术的投入，不再单纯依靠资本和资源的数量及规模的加大来促进经济增长。以知识和技术为基础的新兴服务业投入少、能耗低，一方面，新兴服务业利用知识技术这些生产要素可以提高劳动效率，创造更多的价值。另一方面，由于工业化过程中出现了环境问题，必须寻求新的资源要素，使经济可持续发展。工业化过程中，人征服了自然，但对自然界也造成了近乎毁灭性的破坏，过量的废气排放污染空气，甚至产生酸雨灾害；工业原料需求造成植被被严重破坏，森林大面积减少，并造成耕地的沙漠化；化石能源及其他不可再生资源过度开采而近乎枯竭；生活垃圾中的固体不可降解部分污染环境和水资源；全球气温升高，从而使灾害性天气多发，诸如此类的生态危机大大增加。新的服务业利用新技术改善环境，节约能源，在经济增长的同时又还给了我们一个青山绿水的世界，促进了人与自然的和谐。从这一角度说，新经济又是"绿色经济""生态经济"。第三，经济进一步信息化、智能化。新兴服务业在生产经营过程中更多利用信息技术、智能技术，信息技术的利用扩展了市场的范围，完成了经济全球化，在全球范围内配置资源，加速要素的流动，提高要素的使用效率。在自动化、信息化的基础上，生产智能化使直接生产过程中所需要的劳动者人数急剧减少，劳动时间下降，更多的劳动时间用于其他方面，解放了劳动者。最后，新兴服务业的发展在解放劳动者、提高效率的基础上，改变了人们的消费结构和生活方式，提高了生活水平。劳动效率的提高使劳动者的闲暇时间增加，因此对娱乐消费、旅游、出版物等消费需求增加，其中增长最快的是教育、医疗保健等，这些消费需求的改变也使人们的生活方式发生了翻天覆地的变化。正是这些先进的特点使发达国家沾沾自喜，自诩本国经济为"新经济""轻型经济"，认为这样的经济结构是轻型的、先进的。并将20世纪70年代后的工业化进程划为后工业社会。后工业社会在经济方面的典型特征是由产品经济进入服务经济，全社会服务的特征一直持续至今。

2016年9月在中国杭州举办的B20峰会，通过了《二十国集团创新增长蓝图》，提出世界经济要保持持续健康的增长，就必须利用创新，充分使用新要素如新工业革命、数字经济等新业态，创造出新的经济发展机遇。这次峰会上提出的新要素、新业态首当其冲是新技术的使用，而发达国家对技术转移的控制进一步收紧，各国加速自己技术创新的同时需要各国间的协调。对于新业态的发展，时任阿根廷总统马克里提出，阿根廷经济在这一时期重新发展，重点发展了新能源，并注重人才的培养。而对于创新，加拿大的特鲁多指出，加拿大的创新是多样性的，并且投入很多，主要投入教育、科学等。由这些领导人的发言可以看出，在当代创新经济增长的产业依然集中在服务业，创新和发展服务业是经济发展的关键，各国促进经济增长的着眼点还是服务业。

（二）典型国家20世纪40年代后促进本国服务业的发展

正是由于发达国家服务业的增长，尤其是新兴服务业的成长所带来的经济结构变化、经济增长方式的改变，进而引起的社会各方面发展，不仅促进了国家经济发展，在一定程度上解决了资本主义经济发展中的顽疾，也顺带排除了诸多社会问题，社会发展出现一片欣欣向荣的景象。所以，很多国家纷纷效仿，调整产业结构，大力发展服务业，20世纪80年代后追求最大比例的服务业成为各国为之奋斗的目标。可以说各国依靠自己的资源优势，出台各种政策措施促进新资本形态产生、发展，调整产业结构，从总体上提升了服务业在国内生产总值中的比重。

1.韩国20世纪80年代后服务业发展

韩国的工业化过程遵循了产业变迁规律，20世纪50年代的恢复建设及60年代的低速发展，主要推进轻工业的发展，如纺织、服装、鞋类、食品等行业，同时加强基础建设。70年代和80年代进入重工业化时期，机械、钢铁、造船、电子等行业在国家支持下发展迅速。但80年代后，重工业产能过剩，甚至出现经济危机，90年代韩国调整产业结构，重点发展研发型产业、知识型产业、流行设计产业等，从此开始了后工业社会建设。1997年亚洲金融危机后，韩国开始进一步创新经济，将信息产业作为国家经济发展的支柱产业，大力发展文化产业等。由于近年来的就业及经济增长率出现不断下降的趋势，韩国政府大力扶植金融、设计、咨询、物流等可提供更多就业岗位及提高制造业竞争力的现代服务行业，并且为刺激国内消费，发展本国旅游业，扶植了文化、教育、观光、休闲等服务业。韩国服务经济的特点显著。

为完成信息产业、文化产业、金融、设计等行业的发展目标，韩国政府采取了一系列措施，这些措施极大地推动了韩国服务业的发展，至2006年，韩国服务业占国内生产总值的比重达56.9%。[①]

（1）给予服务业一定的优惠政策

主要包括：降低服务业有关土地保有税的负担；合理调整服务业领域的中小企业划定范围；减免相关服务业用地的开发负担金；改革服务业的电费标准体制等。

（2）完善良好的社会基础设施，促进服务业的发展

在完善知识基础服务有关制度方面，对文化风险企业的管理制度进行完善，加强广播广告业的管理规范建设，对于侵犯知识产权产品加大其通关检查力度等；在各地区建立服务业的扶植体制，完善增强服务业，尤其是运动产业竞争力的相关法律制度。

（3）降低税收、加大金融扶持力度，促进服务业发展

加大税收优惠，如促进文化产业发展时，对更多的文化和通信服务产品实行临时投资免税、免除观光产业基金收入法人税、降低服务业所用不动产的贸易税、对电影业实行税收优惠；将一定的体育设施建设费予以返还等。加大对服务业的金融支持，产业银行和企业银行负责加大对有关服务业的金融支持、放宽知识基础服务业的信用担保条件，加强对服务业的出口支援，加大对私营业主等个人服务业的金融支援。[②]

① 马建堂.国际统计年鉴2009[M].北京：中国统计出版社，2009：44.
② 陈洲.韩国商务[M].哈尔滨：黑龙江人民出版社，2008：93.

2.印度服务业发展

有的发展中国家在拉动服务业增长时，跨越产业发展阶段，由第一产业占主导地位阶段直接进入服务业占绝对主导地位的阶段，希望以此来推动经济快速发展，赶超发达国家。如印度，服务业崛起就没有遵循农业—工业—服务业的产业发展规律，印度服务业一直非常发达，在重工业化时期，服务业的比重也比工业高。印度服务业的产值占 GDP 的比重从 1950—1951 年的 28.5% 上升到 2004—2005 年的 52.4%，增长 23.9 个百分点，上升速度之快可以说是世界现代化史上的一个奇迹。自 1990 年后，服务业以更迅猛的发展带动印度经济高速增长，每年服务业的增长速度都要比 GDP 的增长速度高 1% ~ 2%。以 1990 年至 1991 年、1999 年至 2000 两年为例，服务业每年的增长速度都达到了 7.1%，而 GDP 的增长速度却只有 5.7%。根据印度储备银行的报告可以看出，在 20 世纪 90 年代，由于工业和农业的发展都相对低迷，是服务业的增长带动 GDP 保持了约为 6% 的增长。因此在 90 年代，服务业已经成为印度经济中贡献最大的产业。[①] 所以，印度服务业在 90 年代的大发展被人们看作一场"革命"。

印度服务业以信息技术产业为主，国家采取各种措施促进信息产业的发展。概括来说主要有以下几方面。

（1）高度重视科研开发

信息产业是典型的高科技产业，没有发达的研发能力就不可能有发达的信息产业。为此，印度设立了专门的研究开发机构，并在全国设立信息中心，向民间开放政府实验室，把军事研究机构设备用于民用项目和商业项目开发。同时，印度政府还对信息技术研发实行政府财政扶持，既对具有重点和前沿学科的科研机构给予充足经费保障，同时又鼓励企业和社会对科研机构进行资助。

（2）注重人才培养

人才是一切发展的基础，任何国家和社会，没有充足的人才保证，一切都是空谈。印度政府高度重视计算机教育和人才培养，支持人才出国发展、回国服务，这成为印度信息产业快速发展的重要基础。

（3）创造有利于软件业发展的法律环境

产权保护对于创新至关重要。只有严格的知识产权保护才能激励更多的人真正投向科研开发，才会产生出更多的创新性成果。

---

① 陈峰君.世界现代化历程（南亚卷）[M].南京：江苏人民出版社，2011：177-178.

（4）创造并充分发挥社会组织的优势

印度在发展信息产业的过程中，充分发挥行业协会等中介组织的作用。全国软件和服务公司协会 NASSCOM 是印度 IT 软件和服务产业的一个非营利性组织，它以协调产业与政府的关系为己任，在推动产业调整、发展，促进服务业人力资源开发等方面，获得了重大成就。

服务业兴起于发达国家而后发展中国家效仿，使服务业成为一国经济增长的关键。虽然服务业内容庞大，其中各行业异质性较大，各国发展服务业的重点有所不同，但从世界范围看，这并不妨碍服务业成为各国经济发展的支柱。

（三）推动服务业发展不当带来的经济问题

在世界各国纷纷发展服务业的过程中，服务业带动了农业、工业及其自身的壮大，经济增长速度较快，经济进入繁荣的状态。而经济形势一片大好的背景下，尤其是发展中国家服务业迅速膨胀的时期，非常容易出现经济泡沫，这主要是由于服务业中的某些行业过热，人们对其预期的收益过高，从而使投资规模大，资产价格过度上涨。这就造成了事实上这一行业的投入产出远超实际需求，是一种虚假繁荣。此外，发展中国家单纯发展服务业中的某一行业，或者是利用服务业发展服务业，往往出现发展后劲不足，造成无法收回投资、资源浪费的结果。

在出现泡沫经济的历史中，大家最熟悉的是日本在 20 世纪八九十年代的泡沫经济，其主要是房地产过热引起的经济泡沫。日本在 20 世纪 40 年代后经过 50 年的恢复建设，六七十年代的高速发展，80 年代日本经济就成了世界第二大经济体，1980 年其国民生产总值在发达资本主义经济中所占的比重达到了13.3%。日本的财富增长，一方面由于经济发展过程中对土地的需求增加，另一方面大家认为土地资源的稀缺性决定了其价格不会下降，于是人们对土地及房地产业的投资热情高涨。日本的土地及房地产投资遍及国内外。1989 年，日本人在美国的房地产投资达到了高潮。索尼公司购买了美国的哥伦比亚公司，三菱公司购买了洛克菲勒中心，而洛杉矶的一半的房地产都被日本收购了，夏威夷的高级住宅、豪华酒店 90% 以上也是日本投资的。此时，美国 10% 的不动产都掌握在日本人手中。不仅投资国外的房地产业，日本国内的房地产业发展在 80 年代也是如火如荼，由于服务化、国际化等方面的发展，大城市的商业性地产价格上升，从而土地价格也一路飙升。从 1985 年至 1990 年，日本土地交易量大都在 32 541 公顷至 35 087 公顷，1985 年交易量为 33 963 公顷，而到 1991 年土地成交量却骤增为 117 222 公顷，1985—1991 年土地交易量增长了 250%。[①]对于这一时期的泡沫经济形成原因众说纷纭，笔者认为最根本的原因有两个方面。一是房地产业发展能极大拉动经济。日本在 80 年代成为世界第二大经济体，与美国的贸易交往中美国处于逆差地位，为了扭转这一形势，1985 年，美国和欧洲国家与日本签订《广场协议》，日元对美元及欧洲各国货币增值。日元的增值，限制了日本的出口贸易，我们都知道，日本是外向型经济，出口受限，必然要发展国内经济，而房地产是一个很好的投资方向，房地产业可以带动工业、服务业等 50 多个行业发展。并且从发达国家服务业兴起的历史可以看出，房地产业是服务业中仅次于金融保险业增长速度的第二大行业，投资房地产业是必然。二是房地产具有虚拟资本的特征，价格波动极大，所以吸引大量资本流入。日本出口受限，为拉动经济，政府实行宽松的货币政策，于是大量资本积聚在国内，实体经济难以消化，资本走向虚拟经济，因此，大量资本投入股票、房地产业，而房地产业此时价格波动更大，更有利于投机，所以房地产业超过股票推动了泡沫经济的形成。90 年代后，日本政府实行紧缩的货币政策，并对房地产业严加限制，资本收益急剧下跌，投机者抛售股票和地产，泡沫开始破裂。从 1991 年开始，日本的土地和房产卖不出去，房地产价格下降，住宅价格回落到 1985 年的水平，商业地价也回落了 70%。日本经济从此一蹶不振，10 年未走出低谷。

在服务业发展中，并未理清服务业发展的根本动力，用服务业发展服务业，造成投资失败，资源浪费。以旅游业为例，旅游对发展中国家和落后地区来说，技术水平要求不高，相对投入较少，能增加就业，促进经济发展。于是各国、各地的旅游景点如雨后春笋，蓬勃而出，但很快就像流星一样陨落。这样的经验教训我国也同样存在。拿主题公园这一旅游建设项目来说，在我国失败的例子数不胜数。2006 年 7 月，内蒙古敖鲁古雅鄂温克民族乡的"天工部落"开盘，在根河市人民政府网上看到，基础投资已完成，共投资 3000 万元，建成 8 栋养生公寓，1 栋四星级酒店，会所的基础设施也基本完工。预计每年接待 15 万人次，如果每人消费 550 元，年营业收入可达 8250 万元，利润达 2887.5 万元。但事实未如设想一样，一期投资后，营业业绩不佳，二期投资于

[①]　张琦.土地利用与可持续发展 [M].北京：商务印书馆，2012：102.

是停滞，该项目最终失败。究其原因，浅表层的原因：一是交通不便，根河位于大兴安岭的深处，出入只有飞机比较方便，但班次少；二是没有形成大的旅游环境，客源少。这主要是为了发展旅游业而发展旅游业，从根本上说，旅游业的发展，和农业、工业的发展是紧密相连的，只有全国经济得以提高，人们才有放松身心的需要，产生旅游的需求。所以必须搞清服务业发展的根源，才能真正促进服务业的发展，提升产业结构。

二、问题研究的意义

发达资本主义国家在 20 世纪 60 年代到 80 年代，服务业出现爆炸性成长，但毫无疑问，这一现象不是凭空产生的，是有着深刻的历史根源、社会根源和技术根源的，那么其源头在哪里？支撑因素或条件又是什么？如此等等的问题，从目前所能看到的研究成果中，尚未见到从历史实践和逻辑出发，系统理性地回答这些问题的著作。笔者认为认真而科学地研究和回答这些问题（哪怕只是尝试性的），有着重大的现实意义和理论意义。

（一）探索服务业内在发展变化规律

西方对服务业的研究是最早的，甚至在 20 世纪 50 年代，西方学者就预测出，经济将由产品经济进入服务经济。现在各国推进服务业发展，首先要弄清社会是如何"后工业化的"，这是服务业发展的前提。任何新事物的产生都是在旧事物的内部先发生一定的量变，然后才会有质变，服务业的发展离不开工业化的前期和中期在资本形态上的变化。从工业化前期和中期的资本形态入手，找出其变化的环节、形式，进而发掘出资本形态的质变。在工业化前期和中期，产业资本也就是工农业总是经历货币资本、生产资本和商品资本三种形式，货币资本独立出来成为借贷资本或银行资本，商品资本成为商业资本，服务业主要包括金融、商业及商品位置移动的运输业。而在工业化后期，货币资本和商业资本在形态上变化不大，资本形态变化主要集中在生产资本上，并且发生分裂，产生新形态，从而导致服务业兴起。

（二）有利于各国科学地推进经济结构变革

理清服务业及其各行业的演变历史，有助于发展中国家在进行经济结构调整中，利用规律，少走弯路。如前所述，农业、工业在经济发展过程中所占经济总量的比重，无论是在国内生产总值中还是在增加值中，都处于下降趋势，而服务业成为国家经济的支柱。从OECD2005年的研究报告可以看出，OECD国家从20世纪80年代中期开始的20多年间，三大产业之间结构变动逐渐趋缓，现在的结构性变动主要表现在服务业内部结构变动上。所以，发达资本主义国家仍然在不遗余力地发展服务业，而发展中国家根据这一规律大力发展本国服务业。但服务业涵盖了除工业、农业以外的所有行业，其内容包罗万象，我们作为发展中国家，必须对服务业中的各行业进行归纳梳理，明确服务业中哪些行业对经济发展起到了决定性的推动作用，这些行业兴起的根本原因是什么，这样才能找到真正促进经济发展的支柱性行业。在推动服务业发展时才能有的放矢，制定出有效的措施指导本国服务业的发展，减少发展中国家服务业发展中的盲目性、主观主义和人为偏好所带来的副作用。

服务业的兴起不是凭空出现的，必须具备一定的内因和外因。既然服务业是经济发展的第三个阶段上的主产业，第一、二阶段的发展必然为它的兴起奠定了一定的基础，这就是服务业发展的内因，而在产业以外，其他条件的发展，如科学技术的发展，就成为服务业发展的外因。正是在内外因的作用下，服务业从生产领域分离出来，形成独立的产业。所以，不是我们一味地强调服务业发展，它就能发展起来的，必须从根本上为服务业发展创造有利的条件，提供其发展所需的基本条件，才能促进发展中国家服务业的发展。否则，只能是事倍功半。厘清服务业发展的历史根源、社会根源和技术根源，正是本书的实践意义所在。

（三）避免经济理论研究和实践中的经验主义

西方学者对服务业的兴起及其对经济发展的影响做了深入的分析，如富克斯的服务经济理论、贝尔的后工业社会理论，但这些理论有一定的局限性，其主要是在历史经济数据的基础上发现了服务业的兴起及其内部演变的规律，这自然使研究流于表象。而后来的学者对服务业兴起的研究，多数从服务业总体入手，而又由于服务业的内容庞大，异质性突出，难以从总体上说明发展服务业该从何入手。所以，发展中国家在研究、发展服务业时，只是挑选服务业中的某一个行业或几个行业，这一个或几个行业往往是发达国家服务业发展中占重要地位的行业，这难免就会犯经验主义、表象主义的错误。

只有摆脱资本、生产劳动等静态概念的束缚，从资本运动的过程去寻找理论支撑，才能解决问题。马克思的资本形态变化及流通理论，让我们从根本上把握服务业的兴起，并对其进行科学的分类，找出研究、发展服务业的切入点。在 20 世纪 40 年代后，服务业中的传统行业如商业、餐饮等行业发展了，还出现了物流业、商务咨询、旅游业、科技研发、文化创意产业、营销推广等行业，这些行业不外乎是生产资本为了提高生产剩余价值的效率，从生产环节分离出来，形成社会分工，产生的新行业，或是社会总资本在运动过程中为了顺利完成周转而增加的环节。运用马克思的资本形态及流通理论分析服务业的发展及其产生的经济影响，正是本书的理论意义所在。

三、国内外对这一问题的相关研究

（一）国内相关研究综述

我国学术界对资本形态的研究有两个方面：一方面，作为抽象概念的资本形态是对有共性的资本表现形式的概括，不同历史时期资本形态不同，并运用资本演化理论解决现实经济问题；另一方面，在当代经济结构中，工农业（产业资本）比重下降，服务业（商业资本、借贷资本及新兴资本形态）的比重越来越高，对服务业及组成服务业的各资本形态的研究也逐步深入。

1. 对抽象的资本形态进行界定，并运用这一概念演变解决现实经济问题

（1）资本形态是对资本具体表现形式按不同标准的划分

王越子认为，基于历史范畴的资本是内容与形式的统一。资本内容是归属于资本主义制度和相应的生产关系的，资本形式是社会化大生产中的形态，是市场运行机制采用的形态，这种资本形态是在技术发展的促进下产生的。资本形态会发生裂变，理论上是由于抽象的"资本形式"有复杂的结构及演进过程，

这就造成传统的物质资本随着经济进步、生产方式的变化及企业组织的变迁，已发展成一个由物质资本、组织资本、人力资本和社会资本等资本组成的资本体系。①

张春敏、肖志家认为各种资本形态在资本主义发展的不同阶段都存在着，它们所发挥的作用不同，并且起主导作用推动经济发展的资本形态不断演进变化。资本主义萌芽时期占统治地位的是商业资本，资本主义自由竞争时期起主导作用推动经济发展的是产业资本，而垄断资本主义时期占统治地位的是金融资本，当前资本主义阶段占统治地位的是虚拟资本。不断地、快速地增殖是资本形态演进变化的基本动力。②

王祖强、包浙英认为资本作为一种自行增殖的价值，就其各种历史形态的本质而言并没有差别，但在生产发展的不同历史阶段，资本的内在本质取得了不同的外在表现形式。资本的早期形式如商人资本和高利贷资本，是伴随着商品货币关系的出现而产生的，……当资本把劳动集中起来，从最早的工场手工业开始，它就改变了劳动分工性质，并开始了促进劳动分工的变化，也开始了技术变革过程，从而实现了对雇佣劳动的统治，产业资本也由此开创了新的生产方式而成为占统治地位的资本形态。商人资本在新的生产方式中地位逐步下降，只为产业资本执行流通职能；高利贷资本则转化为现代借贷资本，成为资本形式历史过程中的组成部分。③

由此可以看出，学者们将资本形态界定为资本表现形式，并且资本形态随着生产力的发展不断丰富、演变。

（2）资本形态演变理论对当代经济问题的阐释

王越子认为资本形态范畴是指在经济的不同阶段、不同行业及企业不同组织形式下，企业存在、发展就需要各种不同具体形式的资源，这些资源就是资本形态。而企业的权力就是来自对决定性资源的控制，或者说权力是由对资源的控制决定的，那么，由于组成企业的资源有多种，而且资源在经济活动中又

---

① 王越子.资本形态裂变与企业权力博弈——一个关于企业所有权安排的分析框架 [J].南昌航空工业学院学报（社会科学版），2006（4）：13-14.

② 张春敏，肖志家.从资本形态的演变看次贷危机爆发的制度性原因 [J].教学与研究，2009（1）：14-20.

③ 王祖强，包浙英.资本形态的历史考察与公有制实现形式创新 [J].中共浙江省委学校学报，1998（1）：10-15.

有各种具体形式，这必然使企业权力出现多元化、多层次的特征，企业权力也必然是一个结构体系。资本形态发生裂变引起企业权力的进一步分化。因此，就必然要在"资本形态的裂变"的前提下，来研究企业的性质和企业所有权界定。[1]

张春敏、肖志家通过说明资本形态在资本主义发展的不同时期有不同的表现形式，起主导作用的资本形态也随着发展阶段的改变而改变。经济危机发生时对应的资本形态也就在不同阶段有不同表现形式，次贷危机是虚拟资本统治下的经济危机的表现形式。虚拟资本的活动过热引起投机交易增加，使大规模虚拟资本伴随着经济隐性问题，到一定时期，就引起了金融危机。次贷危机是当代资本主要表现为虚拟资本的条件下，经济危机的表现形式。在虚拟资本时代资本主义经济危机的根本原因依然是资本主义的基本矛盾。[2]

王祖强、包浙英分析了资本形态变化促进了劳动力与生产资料相分离，信用制度和股份制等资本产权分离，现代组织形式是资本所有权和经营权相分离的，法人资本在产权结构上打破了私有制，使资本在法人层次上打破了私有制的界线，完全取得了社会资本的形式。这给我国公有制实现形式的创新以理论启示。[3]

此外，学者们还依托资本形态演变理论对文化资本、人力资本等问题进行了探讨。

2. 对服务业及组成服务业的各资本形态进行的研究

20世纪80年代初期，服务业的发展引起学术界的高度重视，有学者指出，在现实的经济生活中，除第Ⅰ部类和第Ⅱ部类以外，还存在着服务业，两部类分类法没有将服务业划入生产部门，国民收入的计算中也没有包含服务业创造的价值，因此不符合经济现实，我们可以借鉴西方的产业分类法，将生产活动

① 王越子.资本形态裂变与企业权力博弈——一个关于企业所有权安排的分析框架[J].南昌航空工业学院学报（社会科学版），2006（4）：13-14.

② 张春敏，肖志家.从资本形态的演变看次贷危机爆发的制度性原因[J].教学与研究，2009（1）：14-20.

③ 王祖强，包浙英.资本形态的历史考察与公有制实现形式创新[J].中共浙江省委学校学报，1998（1）：10-15.

分为三次产业。①此外这一时期，关于服务业是否创造价值也是经济学界讨论的重要问题之一。

到 20 世纪 80 年代中期后，学术界开始讨论服务业的发展问题，李江帆较早地对服务业的发展问题进行了研究，他从服务消费品入手，提出了发展服务业的可能性和必然性。随着工农业生产部门的劳动生产率的提高，在物质生产上所耗费的劳动时间就会越来越少，社会总劳动中有可能投入服务业的就会越来越多，社会所提供的服务消费品就会越来越多，服务生产规模也越来越大，这是消费品发展的可能性。而消费品发展的必要性消费需求的变化，随着社会劳动生产率的提高，全社会收入水平提高并且余暇时间增加，消费者对服务消费品的需求有可能增加。因此，服务业在国民经济中的比重达到一定水平时，在协调轻重的比例时，还要考虑物质生产部门与服务消费品部门之间的比例关系。②可以看出，此时经济研究的思路和分析角度已经与国外对服务业的研究相似。20 世纪 90 年代初期，刘伟、杨云龙从工业化、市场化两个角度，论证了发展第三产业对我国经济的重要性，第三产业在我国的状况是落后于当时的经济发展阶段的，另外，我国是劳动力资源丰富从而劳动力过剩较多的国家，而第三产业恰恰是一个可以大量吸纳劳动力的产业，因此第三产业在我国经济发展过程中举足轻重。③此后，我国学者开始利用西方产业结构和产业组织理论分析第三产业问题，第三产业研究成为产业结构理论研究的一个部分。

进入 21 世纪以来，服务业发展越来越突出。一方面，中国经济发展面临消费不足、就业和资源环境压力加大等问题，服务业发展被认为有利于克服这些困难和问题。另一方面，随着调整产业结构和消费结构的深化，对服务业整体包括生产性和生活性服务业的需求快速增长。因此，服务经济理论研究和服务业发展问题研究日益成为经济理论研究的重要组成部分。主要有以下几方面。

（1）服务业与经济增长的关系

服务业与经济增长的关系是现代服务业发展研究中的重中之重，多数学者

① 陈志标.国民收入范畴的重新考察——兼论"国民生产总值"指标的理论依据[J].经济研究，1981（4）：39-46.
② 李江帆.服务消费品的生产规模与发展趋势[J].经济理论与经济管理，1985（2）：28-31.
③ 刘伟，杨云龙.工业化与市场化：中国第三次产业发展的双重历史使命[J].经济研究，1992（12）:3-11.

同意服务业发展能够推进经济的增长，尤其是在我国服务业的发展更为重要。程大中认为服务业通过调整产业结构来推动经济发展，提升经济的国际竞争力，因此我国打造以制造业为主同时服务业全面发展的产业格局，使产业结构升级，一方面商品贸易的竞争力增大，另一方面服务贸易的竞争力也增大，使国民经济整体快速、协调地发展。[①] 华而诚也认可这一观点，我国制造业的技术改造升级和结构调整，依赖于更多、更有效率的知识经济要素的投入，而这些知识要素全部依靠服务业提供。服务业自身的发展能够创造就业机会、促进经济持续地增长。[②]

　　学者们在研究服务业对推动经济增长的作用时，也关注了服务业在我国的发展现状，最为重要的是探讨了在我国如何促进服务业发展。江小涓和李辉从我国服务业的发展状况出发，研究了服务业内部结构的变化，并且通过比较我国服务业发展的数据和发达国家的数据，说明经济增长同发展服务业是正相关的关系，收入水平、城市化、消费结构等因素都会对服务业产生影响。[③] 李勇坚对经济发展和服务业相关性进行了研究，尤其对我国的经济发展和服务业相关性进行了实证分析，结果表明，尽管随着 GDP 的快速增长，服务业所占的比重在不断上升，但是人均收入差异阻碍着这种上升的速度。[④] 这一结论只是对我国服务业和经济增长关系而言，没有进行国际比较，目前还不能说这个结论是普遍规律。

　　但也有学者持有相反的观点。郑吉昌和夏晴指出，服务业与经济发展的相关性不是简单单线的因果关系，而是一种在发展中不断深入的双向互动关系。[⑤] 申静、王腊梅甚至指出，虽然服务业在发展中创造出了巨大的经济和社会价值，但也在社会其他方面带来许多负面影响，如服务业的发展在改善自然和人文环境的同时，也带来对它们的危害。[⑥]

① 程大中.论服务业在国民经济中的"黏合剂"作用 [J].财贸经济，2004（2）：68-73.
② 华而诚.论服务业在国民经济中的战略地位 [J].经济研究，2001（12）：3-8.
③ 江小涓，李辉.服务业与中国经济：相关性和加快增长的潜力 [J].经济研究，2004(1):4-15.
④ 李勇坚.经济增长中的服务业：理论综述与实证分析 [J].财经论丛，2005（5）：1-7.
⑤ 郑吉昌，夏晴.论新型工业化与现代服务业的互动发展 [J].社会科学家，2004（6）：121-125.
⑥ 申静，王腊梅.试探国外服务创新的研究及其发展趋势 [J].情报杂志，2004（8）：11-13.

（2）对生产性服务业及相关问题的研究

由于服务业所含行业内容差异性较大，而对服务业促进经济增长的作用研究是以服务业为整体而进行的，所以有一定的局限性，于是对服务业进行分类梳理，在当代，对经济增长有突出作用的是金融、不动产和产业服务、社会和个人服务等行业，于是将这些行业归为现代服务业。现代服务业的内涵与生产性服务业大致相同，其主要为中间性需求进行生产，提供给其他企业的服务生产的活动。生产性服务业研究走入大家的视野。

（二）国外相关研究综述

西方经济学者对资本形态的研究主要集中在产业资本形态上，在当代主要是对服务业的研究。

富克斯通过对美国服务业就业历年数据的整理，指出美国服务业部门1929年的就业人数在全国就业人数中所占比重大约只有40%，而在1967年这一比重已提高至55%；在1947年至1965年间，服务业的就业人数就增加了1300万，而工业部门的就业人数只增加了400万，农业部门的就业人数不仅没有增加，反而减少了300万。在1927年至1965年间，服务业内就业增长最快的是政府部门，其就业人数占全部就业人数的比重从1927年的6.0%提高到1965年的15.5%，增长了9.5%，增长比例大大高于其他部门。其次是专业服务、个人服务、企业服务及修理服务，它们的就业比重1927年为7.3%，到1965年则增加为9.4%，上涨了2.1%，其他服务部门的就业也有不同程度的上涨。在此基础上富克斯分析了美国服务业就业增长的原因：①对服务业的最终需求的增长。②对服务业的中间需求的增长。③服务业人均产出较慢。并且前两个原因对美国服务业的增长影响较小，服务业人均产出增长慢是美国服务业增长的主要原因。[①] 而加尔布雷斯（Galbraith）则指出大规模的垄断企业生产标准化的产品和服务，这种生产过程也是标准化了的，这就需要引进大量的专业人才。而生产以外的广告管理、价格的制定、市场和销售策略、公共关系等都要由专业的人才来运营管理，社会对管理、技术等人才的需求增加了，这是由生产技术的条件决定的。所以，社会依然是工业经济，不是服务经济。工业生产在经济生活中仍起着主导作用，服务业是工业发展所需要的新的专业化服务，工业

---

① 富克斯.服务经济学[M].北京：商务印书馆，1987：29-33.

发展决定对服务业的需求总量和水平。

服务业的发展必然对经济产生影响，多数人认为服务业促进了经济增长。Barcet 分析了服务业能够创造更多的就业机会，形成新的劳动市场，能够单独构成经济增长的动力，从而促进了经济增长。[①]并且服务业中的各行业从不同方面提高了生产率，服务业的兴起并不意味着低生产率增长和经济下滑。

从历史数据上分析，虽然服务业绝对增加值较大，但其占经济总量的比重增长速度较慢，并且从业人数的比重也增加迅速，因此，服务业是劳动生产率较低的产业。鲍莫尔提出了"成本病"理论。这一理论将经济活动分为两个部门，一个是技术型的"进步部门"，在这一部门中，单个资本产出的不断增长是由积累、创新和规模经济带来的。第二个部门是"停滞部门"，这一部门的劳动生产率固定不变，所以单个资本产出的增长就来自生产。在停滞部门中，生产过程本身就是最终消费，资本和技术没有发挥作用的空间，这以服务业为代表。也有学者认为，现行的国民经济统计方法是工业时期的产物，在度量无形产品方面存在问题，而服务产品属于无形产品，无法进行准确计量，另外，还有一些服务产品没有进入统计体系，或者不存在市场价格，使得对服务产品的全面衡量更加困难，因此，不能说明服务业劳动生产率低。

四、本书的研究方法、结构安排、创新及不足

（一）本书的研究方法

一是采用实证分析与规范分析相结合、统计分析与比较分析相结合的方法。利用资本主义国家的历史数据，证实分析出服务业对推动经济发展有重要作用，对服务业内部结构的演进规律进行探讨。并在此基础上利用马克思主义流通理论规范分析服务业发展的原因。

二是定性分析和定量分析相结合。通过计量方法实证分析服务经济进程中服务业的经济增长效应、就业效应和产业效应。同时，又通过定性分析方法探

---

① Barcet A. The development of tertiary services in the economy[J].Service Industries Journal, 1988(1):39—48.

讨服务业结构变化和服务经济演变路径和规律。

三是跨学科研究方法。运用西方经济学的产业经济学、就业等理论结合马克思主义经济学理论分析资本流通业态变化对经济发展的影响。

四是可靠性分析。实证分析和定量分析需要大量的历史资料，现已搜集20世纪40年代至今若干发达国家服务业发展相关数据，为分析提供材料。同时掌握大量文献，包括西方经济学理论和马克思主义理论的内容，为跨学科研究奠定基础。

（二）本书的结构安排

本书在第一章资本流通形态、产业等基本概念的基础上，阐述马克思主义资本流通理论，并对其在当代的意义及不足做出评价，以此建立本书的理论基石。在此基础上，第二章分析20世纪40年代后资本主义国家资本流通形态发生的具体变化：生产资本、商人资本在内涵上不断丰富，并且生产资本一部分分离出来，丰富了商人资本的内容，被称为制造业服务化，从而使商人资本不仅包含商业、银行业，还增加了其他行业。变化的原因归根到底是社会总资本在流通过程中追逐利润最大化，节约流通时间、生产时间，加速资本循环周转的结果。这一结果也是在科学技术这一因素作用下，使企业内部分工外化为社会分工，随着这一分工的内容不断增加，最终形成与工业、农业一样的产业部门，这就是第三章的内容。这些资本形态的复杂化对资本主义经济产生了巨大影响：首先，经济增长动力由第一、第二产业转为服务业。经济增长不再单纯是数量增长。其次，新资本形态在经济结构中的比重不断增长，经济结构调整、协调发展，不再是工业、农业和服务业的协调发展，而是各个新资本形态之间的协调发展。最后，新资本形态吸纳了大量人口就业，对劳动与资本的关系产生了巨大影响，在一定程度上改变了资本主义生产关系，这是第四章的内容。

（三）研究的主要创新

本研究利用各国服务业发展变化的大量数据，说明服务业的发展是由于社会总资本在运动中采取了三种资本形态，即货币资本、生产资本和商品资本，而这些资本形态在社会总资本运动中是以行业的形式存在的。在服务业兴起以前，生产资本主要是工农业资本，货币资本主要是银行业资本，而商品资本则以商业资本的形态存在。在社会总资本运动中，这些行业资本不断变化，在科学技术的作用下，形成新的社会分工，产生新的行业，这些新行业资本与原有的商业资本、银行业资本、交通运输业资本等共同构成了现代的服务业资本。从这里我们找到了服务业兴起的根源。

厘清服务业资本的根源，还要弄清服务业资本的运动。服务业资本是社会总资本的一个组成部分，只有与工农业资本保持一定的比例，才能保证社会总资本的再生产顺利完成，因为服务业资本在当代主要是产生于工农业资本，所以服务业资本的量的大小取决于工农业资本的发展状况。服务业资本内部的生产性服务业资本与消费性服务业资本也要保持一定的比例关系。所以服务业资本的壮大，影响了发达资本主义经济运行，同时也说明服务业资本的增加是有一定的"度"的，超出这一度的限制，经济运动将出现问题，甚至是引发经济危机。

经济是生产、分配、交换、消费的统一，而对服务业的分析不能只着眼于其中某一方面，而必须从生产、分配、交换、消费方面，总体把握服务业，才能真正解决问题，而社会总资本流通正是这四个环节的统一过程。用马克思主义的社会总资本流通及其在流通中采取不同形态这一理论解释说明服务业在经济结构中存在的意义，并从历史的角度梳理服务业的演进过程及在不同时期所包含的行业内容，这样就从源头上解决了服务业发展的历程及发展原因，从根本上解决服务业的兴起原因、分类、劳动生产率高低等争议。这也是本研究的创新之处。

（四）研究的不足之处

由于马克思主义资本流通理论博大精深，本书只选取几大方面内容做依据说明，资本形态发展变化及其对资本主义经济的影响，有一定的局限性。同时，经济运行是生产、分配、交换、消费的统一，也是一个复杂的系统，本书运用马克思主义资本流通理论分析资本流通对西方国家经济的影响，不够完善，并对影响的挖掘深度不够。并且受作者认识水平影响，还需要进一步深入研究。

第一章　马克思资本形态理论是解析服务业发展的金钥匙

一、西方学界对资本理论由否定到肯定

马克思的《资本论》是全面、深刻地分析了资本主义社会的灵魂——资本的科学巨著，研究回答了"资本"这个怪物生产、交换、消费、分配剩余价值以及资本主义生产和再生产的全部秘密，它无情却科学地揭示了资本剥削雇佣劳动的实质，所以，马克思的经济理论一经诞生就受到工人阶级的赞誉，被认为是无产阶级的"圣经"。而资产阶级乃至资本家阶级代言人却对马克思的资本理论进行了疯狂的抨击，甚至谩骂。但由于资本理论，从经济学、管理学的角度阐述了资本主义生产和再生产过程中资本的运动状态、相互间的内在关系及各种经济规律，这正确解释了资本主义经济的运行，所以被一些有良知的、正直的西方经济学家和政治家所追捧。

1867 年《资本论》出版后，资产阶级经济学家企图用沉默无视的态度对待它，以使其销声匿迹，但就在这样的集体无声蔑视的背景下，德国政论家，约翰·巴普提斯特·冯·施韦泽在《社会民主党人报》发表对《资本论》的书评，他正确把握了资本这一概念，科学理解了《资本论》第一卷的主旨，受到马克思的称赞。同时，约瑟夫·狄慈根也在《民主周刊》上发表了《资本论》书评，他给予的批评也是"优良"的。卢格虽然不是经济学者，也反对共产主义，但他高度赞扬了《资本论》第一卷，认为无偿劳动创造剩余价值、资本对工人阶级的剥削、未来对剥夺者的剥夺等论述都是经典的，这部著作超越了许多人，必将产生深远的影响。此后，虽然资产阶级学者主要是批判马克思的资本理论，但仍有不少学者对马克思的资本理论中的某些方面给予肯定。进入 20世纪 40 年代后，由于资本主义经济运行将其根本矛盾——资本生产与有购买能力的消费之间的矛盾充分展现出来，即使是盛行的凯恩斯主义也难以解决经济中出现的波动，于是西方学者开始研究《资本论》，企图将马克思的资本再生产理论同凯恩斯的理论相结合，以实现互补，甚至用资产阶级的经济概念和一般经济理论来解说马克思的资本理论，这样从某些方面看，凯恩斯经济体系和马克思体系就是一致的了。到了 20 世纪六七十年代，由于资本主义世界频繁爆发经济危机，经济学者研究了马克思的资本积累、社会资本再生产过程中生产与消费的矛盾等理论，出现了马克思主义的复兴，西方学者对马克思资本理论的争论更加活跃，可以说是全面性的。在研究经济增长时，开始考虑资本再生产过程中的生产与消费的矛盾、资本积累、产业后备军的存在、经济危机爆发的根源等。这些研究受阶级局限性的影响，对马克思资本理论的理解流于表面，甚至是庸俗化了，但不难看出，西方学者对马克思资本理论的认可。到 20世纪末，即便是资产阶级的权威经济学家也不得不承认马克思资本理论的正确性，萨缪尔森认为两大部类和经济增长是一个很好的经济范例。从这些学者对资本理论中越来越多内容的肯定，我们可以看出，资本理论真正地揭示了资本主义经济运行规律，资本理论是科学的理论。

当代，自 2008 年爆发经济危机以来，马克思的资本理论再次受到经济学界的关注，人们在马克思的经济理论中寻找危机爆发的原因，解决危机的办法。理论界首先认可了资本剥削的实质，推翻了资产阶级学者主张的资本主义无剥削论。英国学者理查德·斯凯思在肯定了马克思劳动创造价值理论的基础上，阐释了剩余价值的来源，资本无偿地占有了一部分劳动者创造的价值。进而指出劳动者一定受到了剥削。批判了西方学者为资本主义生产方式辩护，否定资本主义剥削的错误观点[①]。此外，马克思的经济危机理论、垄断竞争理论、生态环境理论甚至是阶级斗争理论，都在一定程度上受到了西方学者的关注和肯定。

由此可以说，马克思的资本理论是经过历史的洗涤和千锤百炼的理论，从根本上揭示了资本主义生产的本质。而 20 世纪 40 年代后服务业成为资本主义经济的中坚力量，依然是资本所决定的。

二、马克思的资本理论是理解资本形态概念的基础

马克思对资本的研究，首先是从千变万化的商品入手，抽丝剥茧，找到了资本主义社会商品经济活动和现象的根源——资本，并且从经济现实和历史发展演变的角度，说明了资本是能够带来价值增殖的价值，这一价值必须通过一系列的运动环节才可以获得价值增殖。然后在此基础上，从抽象的角度进一步说明资本是物的掩盖下的生产关系，揭示了资本主义社会人与人的关系。

---

① 理查德·斯凯思．阶级 [M]．长春：吉林人民出版社，2005.

（一）资本是带来剩余价值的价值

1.马克思对资本的定义

从资本主义生产方式萌芽之初，人们就在思索价值是如何产生的，当资本主义生产方式产生后，人们不仅关注价值的产生，更多的注意力放在了价值增殖上。商品交换出现后，其价值形式不断发生变化，最后产生货币，商品交换表现为商品和货币的对立，形成商品流通。商品生产者将自己生产的商品出售，获取等量的货币，然后再用这一货币量去购买所需要的商品。从商品流通看，货币只起到了媒介商品交换的作用，并且货币在商品流通过程中也形成了自己的流通——货币流通。货币流通虽来自商品流通，但又与商品流通有着极大的差别。商品流通以商品作为起点，最终又回到了商品，商品从流通领域退出，进入消费领域。而货币流通就是用货币购买商品，货币离开后就会从一个所有者手中转入另一个所有者手中，单调地重复着货币—商品、货币—商品这样的运动形态，而不会回到货币形态。并且，货币在这一运动过程中，数量的大小由流通中的商品价值总额决定，商品价值总额是多少就需要多少货币量作为媒介。在一定时期内，由于同单位的货币可以发挥多次媒介作用，货币媒介交换的次数越多，也就是货币流通速度越快，流通中所需要的货币量就越少。所以说，货币量取决于商品总价值量和货币流通速度，货币量的增减并不意味着社会总价值量的增减。但是作为资本的货币来说，其运动形式不是货币—商品的形式，而是最终要回到货币形态，即货币—商品—货币这样的运动形式。如果资本最初以一定量的货币投入流通过程，最终又收回等量的货币，这一过程显然是无意义的，所以资本所有者关注的不是使用价值，而是以货币形式存在的抽象的财富，其数量越多越好。这样就使最终货币量大于最初投入的货币量，资本在不断的运动中取得价值增殖，这一增殖被称为剩余价值，而剩余价值增加社会总价值，社会财富增长了。所以马克思将资本定义为能够带来剩余价值的价值。

单从现象上说，运用货币产生增殖，这不是资本主义经济所特有的，它早就存在于小商品生产时期了。如商业，用一定量的货币购买商品，然后将其出售就会获得一个货币增量。即便在生产领域也是如此，如在封建社会的手工业生产中，师傅是生产资料的所有者，其带领学徒一起生产，价值增殖来自师傅和徒弟的劳动创造，并且师傅并不给学徒支付工资，于是学徒创造的价值增殖转移到师傅手中，师傅手中的价值增殖的实质是对学徒的劳动的无偿占有。这种生产方式的目的是为了消费而不是为了无偿占有徒弟的价值增殖，所以，师傅的生产资料还不是资本。随着商品流通的发展，一是要求流通中的货币积累起来，达到一定的规模，才有可能转化为资本，二是商品交换使小商品生产者出现了两极分化，大部分小生产者成为无产者，依靠出卖劳动力谋生，劳动力成为商品，也才使达到一定量的货币转化为资本。在资本主义生产方式下，生产商品不是目的而是中介手段，通过购买劳动力，将劳动者和生产资料相结合，劳动者在结合过程中消耗劳动力创造的价值大于其所得到的工资，于是将商品出售后就会有一个价值增殖，比原来所具有的货币量增加，这就使货币真正转成了资本，所以资本的流通形式是 G—W—G′（马克思《资本论》）。

2. 资本首先表现为一定量的价值

如前所述，货币达到一定的数量，劳动力成为商品，货币才能转化为资本，所以，资本首先是一定量的货币。小商品生产方式下，农民生产的产品主要满足自己的消费需要，只把剩余的部分进行交换，而手工业生产不是社会的主导产业，虽然产品是为市场进行的生产，但规模较小，商品数量也不大，所以需要的货币量不大。而在资本主义生产方式下，不仅生产资料成为商品，个人消费品也成为商品，商品数量和规模极大地增加，所有的生产都是为了进行交换，这些商品的生产也就要求具有一定的规模，因此资本的量最少达到雇佣工人进行生产所需要的最低限额。

从 G—W—G′ 这一流通过程可以看出，资本首先表现为一定量的货币，后又转变为商品，以商品和货币的形式交替存在着，无论货币还是商品都有一定的价值量，在交换中遵循等价交换的原则，等价货币量转化为等价商品，或等价商品交换等价货币量。价值量不仅在这个运动中保存下来，而且成为运动的中心，所以资本首先是一个价值量。这一价值量经过运动后，会发生增殖，这一增殖是在原预付资本量的基础上的一个增加值，增大的资本也就是价值数量增大的资本，依然是一个价值量。无论在资本运动的任何环节，资本都是以一定数量来表现的，只不过是这个量是原有数量的保有量还是增大后的数量。

3. 资本只有通过生产劳动过程才能获得价值增殖

当货币所有者在市场上购买到生产资料和劳动力后，资本就进入了生产劳动过程。这一过程既是价值形成过程也是价值增殖过程。首先，劳动过程生产使用价值同时也创造了价值，这是由劳动的二重性决定的。劳动是具体劳动和抽象劳动的统一。从具体劳动过程看，劳动者利用物质资料生产出能满足人们某种需要的使用价值，劳动者利用不同的物质资料进行生产，就会产出不同的使用价值。对于劳动过程的研究，人们首先注意到的就是生产使用价值的劳动，即便是认识到价值是由劳动创造的古典经济学派，由于对劳动性质没有进行区分，将劳动等同于使用价值的生产即具体商品生产的劳动，也无法将价值和价格加以区分。就是奠定劳动价值论的亚当·斯密，虽然认识到商品交换实质是凝结在商品中的劳动的交换，已经从商品的价格中抽象出了交换价值，似乎触摸到了价值的边缘，但他并没有分清创造价值的劳动的性质，只看到具体劳动，看不到抽象劳动，所以亚当·斯密又认为商品价值是由商品在交换中所获得的劳动量来决定的，简言之，就是商品价值由具体劳动来决定。事实上，千差万别的具体劳动是没有统一的标准来进行比较的，这自然就又和他自己主张的价值来源于劳动相矛盾。所以对生产劳动过程的考察，首先要认识到这是一个具体劳动过程，创造商品的使用价值。从另一方面看，生产不只是具体劳动过程，在这一过程中还消耗了无差别的人的脑力和体力，这些才形成商品的价值，价值是同质的，价值量的大小由生产商品的社会必要劳动时间来决定，在这一标准下商品才能进行比较、交换。其次，这一劳动过程形成价值，也产生价值增殖。"资本所支付的劳动力价值恰好为新的等价物所补偿，那就是单纯的价值形成过程。如果价值形成过程超过这一点，那就是价值增殖过程。"①所以资本必然将劳动时间延长到一定点以上，从而生产出价值增殖。单纯的价值形成过程所耗费的劳动时间就构成了必要劳动时间。资本在必要劳动时间基础上继续延长劳动时间，由于工资也就是必要劳动时间内新创造的价值是既定的，所以延长劳动时间所创造的新的价值，并不以等价的形式支付给劳动者，这一部分就被资本无偿占有，就形成了价值增殖，也叫剩余价值，生产价值增殖的劳动时间就是剩余劳动时间。在劳动者全部劳动时间中，剩余劳动时间越长，资本获得的价值增殖越大。所以资本总是利用一切方法来缩短必要劳动时间，延长剩余劳动时间，以获取更多价值增殖。在必要劳动时间一定的前提

---

① 马克思，恩格斯．马克思恩格斯全集（第23卷）[M]．中共中央马克思恩格斯列宁斯大林著作编译局，译．北京：人民出版社，1972：221．

下，资本通过绝对延长劳动时间从而延长剩余劳动时间来获取剩余价值，这就是绝对剩余价值生产。资本在劳动时间一定的条件下，也可以通过提高全社会的劳动生产率以降低劳动力价值从而缩短必要劳动时间，相对地延长剩余劳动时间以获取剩余价值，这是相对剩余价值的生产。在科学技术应用越来越广泛的当代，它一方面缩短了必要劳动时间，另一方面相对延长了剩余劳动时间，所以资本获取价值增殖的方式在当代主要是相对剩余价值生产方式。

价值和剩余价值产生于生产过程，而流通过程是不产生剩余价值的，流通只是对价值和剩余价值的实现。

（二）价值量只有在不断的运动中才能成为资本

1.仅仅有价值的东西并不能成为资本

如果把一定量的价值固定在某一形式上，就会认为资本是货币，资本是商品。但这只是表面现象，不是过程的本质。它不能说明为什么资本要不断地采取货币形式又不断地采取商品形式，并且不断地相互交替；也不能说明货币为什么能够带来价值增殖。价值要不断地由货币形式转换为商品形式，再由商品形式转换为货币形式，在不断运动中保存自己、扩大自己。一方面，如果资本不采取货币的形式，就不能确定自身的同一性。作为资本的价值，首先要在货币形式上出现，以货币为起点，最后还要从商品形式转化为货币形式，以货币形式为终点。起点的货币和终点的货币，它本身是同一的，而且在量上又是可以比较的。如果资本不采取货币形式，价值本身的同一性就无法得到证明，价值量的大小就不能互相比较。价值增殖既然是资本运动的内容，就要不断测量自己的价值量，因此，货币是每个价值增殖过程的起点和终点。另一方面，如果货币不采取商品形式，就不会变成资本。因为资本家如果不用货币购买生产资料和劳动力，就无法取得剩余价值，货币就不能转化为资本。在资本的运动中，商品都要和货币相交换，都要转化为货币，并生出更多的货币来。这生出来的货币，和商品的买卖分不开，因此，商品买卖成为资本家赚钱的手段。所以资本不断变换形式处于运动中，才能产生剩余价值。

2.现实的资本必须不断地运动

资本必须在不断的运动过程中，不断带来剩余价值，不断改变着自己的量。如果它在运动中不能带来剩余价值，不起着剥削的作用，就不能被称为资本。资本这种剥削工人劳动、带来剩余价值的特殊作用，是资本本身所固有的，是资本的本性。马克思说："既然它生产剩余价值的运动是它自身的运动，它的增殖也就是自行增殖。"①生产资料和生活资料这些物质，如果是生产者的财产，就不是资本。它们只有运动起来，会带来剩余价值并且充当了剥削和统治工人的条件时，才成了资本。

马克思在区分商品流通和资本流通时指出："在为卖而买的过程中，开端和终结是一样的，都是货币，都是交换价值，单是由于这一点，这种运动就已经是没有止境的了。"②当 G 变成了 G+ΔG，在量上依然是有限的价值额，将 G 或 G+ΔG 从流通过程中取出来，它就不能再产生价值增殖，就不能再成为资本。但二者都是货币，一个资本流通过程结束后，G 与 G+ΔG 的区别立即消失，G+ΔG 完全可以开始下一个价值增殖过程，每次为卖而买所完成的循环的终结，也就成为新循环的开始。资本只有通过这样无限的增殖过程才能达到量的逐步增大，从而接近于绝对的富有。

精明的资本家在追逐剩余价值中也使资本无限循环。货币所有者把他的货币作为剥削剩余价值的手段，货币才发挥资本的作用，货币所有者转化为资本家。资本家把货币投入流通的目的是为了越来越多地占有抽象财富，即占有能与任何商品交换的一般等价物——货币，即占有更多的剩余价值，所以价值增殖是他的目的。但作为资本家，他不只是为了取得一次利润，而是为了不断地取得利润。由于利润的获得是无限的，就要把货币不断地投入流通中，形成资本的无限循环。

（三）资本的本质是资本主义生产关系

任何社会都是以生产活动为基础的，资本的生产过程得以进行，首先就要有资本，资本在现象上表现为货币，但并非货币就一定能成为资本，它必须具备一定的社会历史条件，即劳动力成为商品。在资本总公式 G—W—G′ 中，G—W 和 W—G′ 这两个过程都是流通过程，是不会产生价值增殖的，增殖了的价值只能在生产 W 的过程中产生。而这一过程中，物质资料也就是不

---

① 马克思，恩格斯.马克思恩格斯全集（第 23 卷）[M].中共中央马克思恩格斯列宁斯大林著作编译局，译.北京：人民出版社，1972：176.

② 马克思，恩格斯.马克思恩格斯全集（第 23 卷）[M].中共中央马克思恩格斯列宁斯大林著作编译局，译.北京：人民出版社，1972：173.

变资本的耗费是将其价值转移到了新生产出的商品中，不会产生新价值，那么增殖就必然产生于劳动者的劳动过程。资本与劳动者相交换的不是劳动而是劳动力，这样劳动力就成为商品。对劳动力的使用不仅创造出相当自身价值的价值，还能创造出大于自身价值的价值。如果劳动者能将劳动过程中创造的新增价值与资本家等价交换，资本就不可能获得价值增殖，所以资本与劳动者等价交换的只是相当于劳动力价值的那部分价值，是资本支付劳动者的工资。资本将劳动时间延长，在劳动者新创造的价值等于资本支付的工资后，让劳动者继续劳动，而这一时间段中创造的价值，被资本剥夺，资本获得了价值增殖。这样货币就转换为资本，就必然要求劳动力成为商品，所以资本一经产生就表明了一定的生产关系，即资本对劳动者的雇佣关系，并且在这种关系中劳动者从属于资本。同时劳动力成为商品的话，劳动者必然没有赖以生存的任何生产资料和生活资料，这就进一步加深了劳动者对资本的依赖，也加深了资本对劳动者的剥削，这也体现出了资本对劳动者的剥削关系。

任何社会的生产都是物质资料的再生产，同时也是生产关系的再生产。在生产劳动过程中，人们也必须按一定的规则制度和物质资料相结合，生产才得以进行。通过具体的生产过程，只抽象出人和物质资料相结合进行生产时的规则安排，这些规则安排可以是对单个人的，也可以是对人群的，这就是生产中的人与人之间的关系。资本也是这样，它要获得价值增殖，必须借助物质资料为媒介进行生产。资本在安排生产时，物质资料生产必然要按照一定的规则制度来进行，在这样的规则制度下，劳动者之间就形成了一定的生产关系。同时资本为了获取更多的剩余价值，会进一步深化这种生产关系。资本必然要进行生产，其必然反映一定的生产关系。由于劳动力这一商品是蕴藏在劳动者的体内的，和劳动者是不可分的，当它作为商品出售时，在一定程度上就已经使它的承担者处于被动的地位了，不平等已经出现了。而这种不平等的生产关系在生产过程中更是表现得淋漓尽致。在资本主义的劳动过程中，工人进行劳动时服从资本家的意志，按资本家的要求去做，并且最终产品不是归生产者所有，而是归资本家所占有，因此生产资料和劳动者结合的劳动过程，资本家以自己的意志自行安排。资本家将劳动时间延长至弥补劳动力价值以上，劳动过程表现为价值增殖过程。另外，对于资本的定义我们是根据马克思对单个资本生产过程的分析而得出来的，是一种能够带来剩余价值的价值。但由于资本的生产不是一次的、孤立的过程，是不断重复、经常联系的生产，在原有或扩大的规模上重复生产，是再生产过程。通过不断在原有生产规模上进行的简单再生产过程可以看出，资本再生产是物质资料再生产和资本主义生产关系再生产的统一。所以马克思说："资本也是一种社会生产关系。这是资产阶级的生产关系，是资产阶级社会的生产关系。"①

资本获取剩余价值的无止境必然要从方方面面入手，这一目标除了在直接的生产过程加大剥削程度外，在生产后的交换、分配、消费中也服从于资本追求剩余价值的最大化。所以，马克思又说："黑人就是黑人。只有在一定的关系下，他才成为奴隶。纺纱机是纺棉花的机器。只有在一定的关系下，它才成为资本。脱离了这种关系，它也就不是资本了，就像黄金本身并不是货币，砂糖并不是砂糖的价格一样。"② 所以，资本的本质反映的是资本主义生产关系，是对工人阶级的剥削。

三、资本在流通过程中总是采取一定的资本形态

资本流通是以生产为中心，商品流通为起点，获取价值增殖为目的的运动过程。《资本论》第二卷的研究对象就是资本的流通过程，马克思说："在第一卷中，我们研究的是资本主义生产过程本身作为直接生产过程考察时呈现的各种现象，而撇开了这个过程以外的各种情况引起的一切次要影响。但是，这个直接的生产过程并没有结束资本的生活过程。在现实世界里，它还要由流通过程来补充，而流通过程则是第二卷研究的对象。"③ 所以，资本主义生产过程，就整体来看，是生产过程和流通过程的统一。资本在流通过程中总是采取一定的形态。

---

① 马克思，恩格斯.马克思恩格斯选集（第1卷）[M].中共中央马克思恩格斯列宁斯大林著作编译局，译.北京：人民出版社，1972：363.

② 马克思，恩格斯.马克思恩格斯选集（第1卷）[M].中共中央马克思恩格斯列宁斯大林著作编译局，译.北京：人民出版社，1972：362.

③ 马克思，恩格斯.马克思恩格斯全集第25卷（上）[M].中共中央马克思恩格斯列宁斯大林著作编译局，译.北京：人民出版社，1979：29.

（一）马克思对资本形态概念的使用

马克思并未对资本形态做出解释，但在《资本论》第二卷开篇写道："这一册要揭示和说明资本运动过程作为整体考察时所产生的各种具体形式，资本在其现实运动中就是以这些具体形式互相对立的，对这些运动形式来说，资本在其直接生产过程中采取的形态和在流通中采取的形态，只是表现为特殊的要求。因此，我们在本册中将阐明资本的各种形态，同资本在社会表面上，在各种资本相互作用中，在竞争中，以及在生产当事人自己的通常意识中所表现出来的形式，是一步步接近了。"[①] 综上所述，资本流通形态是资本在运动过程中具体的形态，是资本在生产和流通过程中所采取的现实的形态。

从马克思对资本形态的使用，我们可以归纳出资本形态应包含以下几方面的含义：①这个资本既可以是单个资本也可以是社会总资本。在马克思关于资本流通的论述中，既有单个资本的循环周转也有社会总资本的再生产和流通，个别资本和社会总资本在运动中表现为不同的资本形态。②资本形态是动态的，是资本在生产和流通过程中具体的表现形式。流通和生产过程在科学技术和分工的推动下，采取不同的具体形式，或者某些环节独立出来，资本形态就不断变化，甚至产生新的资本形态。③资本形态是资本现实的具体的表现形式。工业、农业等产业资本是资本在行业上的具体表现状态，这也是马克思研究资本流通的核心形态。随着资本的内涵不断扩大，金融业、房地产业、教育等产业也成为资本形态的一部分，这使行业层面上的资本形态内容增加。而正是这些行业层面上的资本形态，组成了产业这一资本形态，所以资本形态是多层次的概念，既可以指行业，也可以指产业。

（二）马克思对资本形态的分类

马克思正是在这些方面使用了资本形态这一概念，纵观《资本论》，他至少在以下几方面对资本形态进行分类。

1.货币资本、生产资本、商品资本的划分

资本产生价值增殖是因为其经历了一个生产过程，在这个过程中资本增殖

---

① 马克思.资本论（第3卷）[M].中共中央马克思恩格斯列宁斯大林著作编译局，译.北京：人民出版社，1975：29-30.

了。增殖的资本以商品形式存在，必须出售商品将资本以货币的形式收回。所以，资本增殖就要经过购买、生产、出售三个阶段。经过三个阶段资本就完成一次循环。资本循环经过三个阶段，依次采取货币资本、生产资本和商品资本三种形态，并在循环过程中依次交替转化，永无止境地运动，从而又形成货币资本循环、生产资本循环和商品资本循环。

三种资本形态各自的循环，又具有不同的特征。货币资本的循环，以预付资本价值为起点，以价值增殖的货币为终点，在这个形态上，很明确地表现了产业资本的目的，是价值增殖；生产资本的循环，以生产过程为起点，以货币资本转化为生产资本为终点，在这个形态上，明显地表示了剩余价值的生产过程；作为商品资本的循环，以包含着预付资本价值和剩余价值的商品为起点，以经过再生产过程生产出来的商品资本为终点，在这个形态上，可以看出这个已增殖的资本价值的实现条件。这三种形式的循环，每一形式都只表现出产业资本循环的某一方面，通过三个形式的统一才能把握产业资本运动的实质。

产业资本循环是货币资本循环、生产资本循环、商品资本循环的统一，任何一个循环中，单个资本都同时处于这三种循环中，因此，资本为了循环的顺利进行，三种循环要连续地、并列地进行。如果不这样，资本价值全部以货币资本、生产资本或商品资本存在，或者某种资本形态向下一阶段转化时，下一阶段的资本形态并不能顺利再向下一环节转化，资本流通就会中断，价值和剩余价值就不能实现。所以，在企业生产中为了使生产顺利进行，而不中断，首先将全部资金按一定比例分为货币资本、生产资本、商品资本，才能形成资本循环。其次，保证每一种资本形态循环顺利进行，才能达到获利的目的。

2. 单个资本、社会总资本的划分

马克思在分析资本的本质、资本的流通、资本的形态及转换的时候，首先分析的是单个资本的运动，在此基础上又分析了社会总资本的运动。资本从构成上看分为单个资本和社会总资本。

资本主义社会中单个的、独立的企业不断进行生产和再生产的过程的资本就是单个资本。马克思首先分析了单个资本的生产，说明了剩余价值是怎样被生产出来的，又通过资本的再生产过程，也就是资本的流通过程进一步说明剩余价值的产生及实现。但资本主义生产中的单个资本不是独立存在的，是社会总资本的组成部分。社会总资本就是相互联系的单个资本的总和。社会总资本不是单个资本的简单相加。在社会分工的作用下，每个资本的运动都会和其他资本发生这样或那样的关系。主要有两方面的内容，一是单个资本都要向生产生产资料的资本购买生产资料，二是其他资本购买本单个资本生产的商品。所以，单个资本之间是互为生产前提、互相交错、自发地联系在一起的。

单个资本和社会总资本的生产和再生产的运动过程是一致的，都要经过购买、生产、出售三个阶段，才能实现剩余价值的生产和实现，但不同于单个资本的是社会总资本在这三个阶段上的资本形态不是货币资本、生产资本和商品资本，而是在社会分工的作用下，这三种资本形态相互独立形成的借贷资本、产业资本和商业资本，这三种行业资本构成了社会总资本。可以说单个资本具体化为企业资本，社会总资本则具体化为行业资本形态的总和。社会总资本的再生产过程不仅包含了资本的再生产过程，还包含了一般商品流通，如劳动者和资本所有者的消费过程，这是劳动者和资本所有者购买消费资料、满足生活需要的过程，是一般商品流通。当然这些内容被规划到商业资本的运动过程中去了，而在单个资本的运动中表现出的商品资本循环则不包括这些内容。

对社会总资本的再生产研究不是为了考察剩余价值的生产和实现，而是为了研究社会总资本再生产顺利进行的条件。

社会总产品，从价值形式上看，是由被消耗掉了的不变资本的价值（c）、可变资本的价值（v）和剩余价值（m）三部分组成的。从实物形式上看，根据具体物品的最终用途，社会总产品分为生产资料和消费资料两类。与此相适应，马克思把整个社会生产划分为两大部类：即第一部类（Ⅰ），生产生产资料的部类；第二部类（Ⅱ），生产消费资料的部类。

马克思在这两大前提下对社会总资本简单再生产和扩大再进行分析，得出简单再生产的条件：第一，$Ⅰ（v+m）=Ⅱ c$。第一部类中的可变资本和剩余价值相加必须等于第二部类的不变资本。它反映第一部类生产资料的生产与第二部类对生产资料的要求必须保持一定的比例。第二部类消费资料的生产与第一部类对消费资料的要求也必须比例相当。第二，$Ⅰ（c+v+m）=Ⅰ c+Ⅱ c$。第一部类的所有产品，在价值上必须等于两大部类的不变资本之总和。它反映了第一部类生产资料的生产，必须同两大部类对生产资料的需求保持一致。第三，$Ⅱ（c+v+m）=Ⅰ（v+m）+Ⅱ（v+m）$。即第二部类的全部产品，在价值上必须等于两大部类可变资本价值和剩余价值之和。这是一个实现条件，它表明第二部类消费资料的生产，必须同两大部类对消费资料的需求保持平衡。

社会总资本扩大再生产的实现条件是，第一部类中原有可变资本加追加的可变资本，再加供资本家消费的剩余价值之和要等于第二部类中原有不变资本加追加的不变资本之和。这表明，社会生产两大部类之间存在着相互依存、互为条件的辩证关系。第一部类为第二部类提供追加的生产资料，使第二部类扩大的再生产能顺利进行，但其数量又决定着第二部类积累和扩大再生产所能达到的程度和规模；第二部类为第一部类提供追加的消费资料，使第一部类的扩大再生产得以实现，但其数量对第一部类的积累和扩大再生产起着制约作用。

从以上社会总资本简单再生产和扩大再生产的条件，可以得出以下结论：社会总资本的再生产顺利进行的问题，归根到底，就是要使社会总资本在生产和流通中按一定的比例分配在产业资本、借贷资本和商业资本上，使各行业资本保持科学合理的比例。

3. 产业资本、商品经营资本、货币经营资本的划分

社会总资本运动过程经过购买、生产和出售三个阶段，并不如单个资本表现明显，因为社会总资本在再生产中按一定比例，分配在了产业资本、商业资本和借贷资本的部门上。产业资本是指经过购买、生产和出售三个阶段，并相应采取货币资本、生产资本和商品资本三种形态，从而达到增殖目的的资本，主要包括制造业、农业、运输业、采掘业等行业。这些产业资本在循环过程中采取了三种资本形态，产生了货币资本循环、生产资本循环和商品资本循环。商品经营资本，也就是我们通常所说的商业资本，是产业资本在循环中的第一阶段，由货币资本购买生产要素商品和第三阶段将商品资本转化为货币资本这两种买和卖的流通行为，在一定的条件下从产业资本的运动中分离出来，固定下来，由专门从事商品买卖的商业资本家来完成，这样商品资本就转化为商品经营资本。货币经营资本是产业资本运动中的货币资本一部分独立化的形态，它专门替产业资本家和商业资本家完成货币流通中的纯粹技术性的业务。

"货币资本循环，是产业资本循环的最片面、从而最明显和最典型的表现形式"[①]。首先，货币资本的循环是产业资本循环的一般形式，成为产业资本的目的和动机，即获取剩余价值，在从货币带来更多货币的公式里表现得十分清楚，这就揭示了资本主义生产的目的和资本的本质，这一点，在生产资本循环的公

---

① 马克思.资本论（第2卷）[M].中共中央马克思恩格斯列宁斯大林著作编译局，译.北京：人民出版社，1975：71.

式 $P\cdots W'—G'—W\cdots P$ 和商品资本循环的公式 $W'—G'—W\cdots P\cdots W'$ 中，就表现不出来。其次，货币资本循环又成为"产业资本循环的特殊形式"。因为预付资本大都是以货币形式开始，最终还是以货币的形式收回，不管它是最初循环还是最终循环，不管它是一个单个资本还是社会总资本，不管它是新投入的资本还是经过循环转化为货币的旧资本，都要通过货币资本的循环。一般寓于特殊之中，产业资本循环的共性，必须通过货币资本循环而实现。再次，可变资本和剩余价值都必须以货币的形式参加循环过程。作为工资的可变资本，每隔一个较短时期就要以货币的形式预付一次，资本家必须不断占有货币资本而与工人相对立。至于剩余价值产生出来，实现以后，如果进入个人消费，也要采用货币形式。因此，作为预付可变资本价值的 G 和作为它的增殖额的 Δg，都必须保持货币形式，以这个形式收回。而独立出来的商品经营资本的循环不再和商品资本循环一样，去掉了生产过程的环节，简化为 $G—W—G'$。商品经营资本用货币购买商品是其经营活动的第一个环节，但对于产业资本来说，却是其资本循环的最后一个环节，将商品资本转换为货币资本。但从社会总资本来说，商品还没有进入消费领域，只是所有权的转移，商品还存在于市场上，没有真正完成商品资本转换为货币资本。这当然就要进行商品经营资本的第二步，把商品卖出去，商品由流通领域进入消费领域，真正完成了商品资本向货币资本的转化。货币经营资本也是独立出来的资本形态，对货币流通起技术上的中介作用，是由一些特殊资本家预付的，因而它也有独特的运动形式：$G—G'$。这一资本运动形式只与技术要素有关，没有物质商品作为媒介，而产业资本循环和商业资本循环都是以物质形态的商品作为媒介的，产业资本用货币购买生产要素及雇佣劳动者进行商品生产，然后将其出售，收回货币资本。商品经营资本低价购买商品，然后以高于购买价格的价格将商品出售，获得剩余价值。

商品经营资本和货币经营资本的出现缩短了社会总资本的流通时间或降低了预付资本量，从而加速社会总资本的周转：①缩短了社会总资本循环的流通时间。产业资本家可以把生产的商品大批地卖给商业资本家，这和他自己经营商品销售工作相比，会使出卖商品的时间缩短，从而也就加速了产业资本的循环。另外，专业的商品经营资本对市场、消费者的需求及商品销售条件等情况非常熟悉，能更快地将商品资本卖出去，以货币的形式收回资本，缩短流通时间。货币经营资本减少了流通引起的技术活动，缩短了流通时间。②节省了社会总资本的预付资本量。"如果没有商人的介入，流通资本中以货币准备金形式存在的部分，同以生产资本形式使用的部分相比，必然会不断增大，与此相适应，再生产的规模就会受到限制。"① 现在由于商品经营资本的介入，可以使产业资本家的货币准备金相对减少，使用于真正的生产过程的资本部分相对增加，从而扩大生产规模。货币资本也减少了资本的预付。③ 节省了产业资本家出卖商品的时间。由于商业资本的出现，商品买卖活动由商业资本家进行，产业资本家就可以把出售商品的时间节省下来用于生产过程。

商业资本不能创造价值和剩余价值，它只对价值和剩余价值的实现起中介作用，但是由于它在流通领域独立地执行职能，它就要和产业资本一样取得利润，商业利润是产业资本家在生产过程中所剥削的一部分剩余价值，以平均利润的形式，归商人资本所有。货币经营资本也同样获得平均利润。

4. 从剩余价值生产相关角度的分类

（1）资本总公式中就存在货币资本和商品资本的区分

资本流通过程中总是存在着货币和商品的对立。在资本流通过程中资本总是经过买和卖两个环节，在每一个环节上都是货币和商品的对立。资本首先采取了货币的形式，用货币去购买商品，此后资本就以商品形式存在，完成购买后资本出售商品进入售卖的阶段，经过这一过程后，资本又转为货币形式。资本时而采取货币的形式，时而采取商品的形式。这其实就是货币资本和商品资本的区别。

另外，从商品流通是资本的起点也可以看到，资本在商品流通中采取货币和商品两种形式。首先，在商品交换的历史发展中，一种特殊商品获得一般等价形式，被其他一切商品当作等价物排挤出来，这种特殊商品成了货币商品，执行货币职能。当其取得这种特权地位时，货币产生了。"如果撇开商品流通的物质内容，撇开各种使用价值的交换，只考察这一过程所造成的经济形式，我们就会发现，货币是这一过程的最后产物。商品流通的这个最后产物是资本的最初表现形式。"② 其次，商品生产和发达的商品流通是资本产生的历史前提。在不发达的生产状态下，货币就会集中在商人手中，表现为商人财产。这种货

① 马克思.资本论（第3卷）[M].中共中央马克思恩格斯列宁斯大林著作编译局，译.北京：人民出版社，1975：306.

② 马克思.资本论（第1卷）[M].中共中央马克思恩格斯列宁斯大林著作编译局，译.北京：人民出版社，1975：167.

币财产的集中是资本产生的先决条件。当大规模的生产是为了贸易而进行时，"而不是面向个别顾客的销售，因而需要有这样的商人，他不是为满足他人需要而购买，而是把许多人的购买行为集中到他的购买行为上"①。并且随着商品流通范围进一步扩大，生产是为了交换的目的越来越突出，产品在越来越大的范围转化为商品。再次，商品资本直接支配生产是资本主义生产方式产生的途径之一。商人直接转变为工业家或者向独立的生产者直接购买产品，而生产者在形式上独立，保持自己的生产。

（2）不变资本和可变资本的划分

资本从物质上看是由生产资料和劳动力组成的。这两部分对剩余价值的生产发挥的作用是不同的，生产资料的价值通过劳动者的劳动转移到新产品中去，在这一过程中生产资料的使用价值被消灭了，但其价值并没有消失，这是因为生产资料的使用价值在消失的同时转化成了另一种新的使用价值，而新的使用价值的产生保存了原来的价值。并且这种转移的价值不可能增大。生产资料在价值转移和生产中所发挥的作用是不同的，并不是生产资料作用大就产生更多的价值转移。生产资料发挥作用是从生产使用价值的角度来说的，而价值转移是从价值生产的角度来说的，因此用处大的生产资料，其价值不一定大，在价值转移中只能以生产它的价值为限。生产资料在价值生产中没有发生价值的变化，被称为不变资本。劳动力资本在生产中创造出新的价值，包括两个部分，一个是相当于劳动力的价值，一个是被资本家无偿占有的剩余价值。劳动力价值在生产中发生了价值变化称为可变资本。这样资本就由不变资本和可变资本组成，不变资本只是生产的必要条件，不能产生价值增殖，而可变资本在生产中创造出补偿劳动力价值的新价值，也生产出一个更大的价值被资本家无偿占有。这说明剩余价值来自可变资本，不变资本只是生产剩余价值的手段。

不变资本和可变资本的划分也说明对劳动者的剥削程度。剩余价值对预付总资本的比率是非常重要的一个标准，即资本家预付了多少资本，获得了多少利润，但这一标准不能看出资本家对劳动者的剥削程度，必须将预付总资本中的不变资本去除，去除不变资本不否定生产资料在生产中的作用，因为资本要进行生产必须有劳动力，相应地，有一部分资本自然要以生产资料的形式存

---

① 马克思.资本论（第 1 卷）[M].中共中央马克思恩格斯列宁斯大林著作编译局，译.北京：人民出版社，1975：363.

在。但在说明剥削程度时，必须去除不变资本，用剩余价值和可变资本的比率即剩余价值率来表示。

（3）固定资本和流动资本的划分

资本转变为生产资料，在物质形式上也有着巨大的差别。从周转的角度看，机器、厂房等生产资料在生产过程中长期保持着原来的使用价值形式，而它的价值逐步地转移到新产品中去，转移到新产品中的价值参加资本周转，没有转移的价值依然操持在使用价值中，直到这些生产资料完全损耗，不能使用。这一部分资本被称为固定资本。而以原材料、辅助材料等形式存在的资本在生产过程中，物质形态改变了，全部加入新产品中去了，同时它们的价值也相应地全部转移到新产品中了。而劳动力资本在生产过程中也被使用了，消耗了，但它的价值不是转移，而是在劳动力使用过程中，它自身创造了新的价值，这部分新价值有一部分补偿劳动力的价值，是对可变资本的补偿。所以作为价值形成要素，用于购买劳动力和原材料、辅助材料的周转方式是一样的，价值是全部转移到新产品中去，被称为流动资本。固定资本和流动资本在总资本中的比例影响总资本的周转速度，进而影响一定时期内的剩余价值率，此外这一比例也影响预付资本总量大小，固定资本所占比例越高，预付资本的总量就越大，资本周转速度就慢，一定时期内生产的剩余价值就少。

马克思对资本形态的使用是从不同的角度、按不同的标准进行划分的，在本书中，笔者所使用的资本形态概念主要是上述前三种分类。

（三）马克思资本形态理论与当代三次产业划分

产业就是一些具有相同生产技术或相同特征的经济活动组成的集合或系统。费歇尔将生产活动的第一阶段发展起来的产业，主要是农业，称为第一产业；在第二阶段发展起来的产业，主要是工业，称为第二产业；在第三阶段发展起来的产业，主要是服务业，称为第三产业。在费歇尔三次产业划分的基础上，英国统计学家克拉克完善并普及了三次产业分类法。1940年，克拉克在其著作《经济进步的条件》中对第三产业进行了定义，认为提供服务的各类经济活动为第三产业，并用服务业代替了第三产业这一概念。我们可以看到，服务业和第三产业总是联系在一起的，对于服务业和第三产业这两个概念的区别联系，一直存在争论。服务业是个古老的范畴，自重商主义起，历经古典政治经济学、马克思主义经济学、现代西方经济学，服务业始终是经济学不断涉及的概念，而第三产业的概念还是十分年轻的。第一次使用上述概念的是当代经济学家费歇尔教授等人。这样，在表述服务型行业时就有了两个概念。但是，经过这些年的争论，从整体情况看，到目前为止，无论是理论界还是政府、世界经济组织，都基本倾向于：它们在本质上是一致的。把国民经济结构作为农业、工业、交通运输业等相对应的经济部门时，这种从事非物质生产活动的业态就称作服务业；而当从历史的角度来分析研究一定阶段上的国民经济结构状况水平时，则往往使用三次产业的概念。不过，需要进一步说明的是，如果深入审视这个一、二、三数字与"次"的组合，笔者认为，费歇尔和英国经济学家在提出并阐释第一次产业、第二次产业和第三次产业概念时，采用数字一、二、三这样的序列数字和"次"组合成一个概念或叫作范畴，是认真地动了脑筋并深思熟虑了的，用"一、二、三次"来表达产业，这既体现出它们在历史上出现时间的先后顺序，也同时表达出一、二、三的"梯级"水平意义。可以说，这是一个具有双层意义的概念。但在一般的经济研究中，服务业与第三产业是等价的，尤其在西方经济理论界，已完全用服务业代替了第三产业。本书在第三产业和服务业的内涵的使用上也未加区分，认为它们包含的行业是一致的。

马克思从产业角度把资本形态分为产业资本和商人资本，在产业资本中，以产品的最终用途生产不同生产资料的部门，划为第 I 部类，生产生活资料的部门归为第 II 部类。在价值形成上将社会总产品分为不变资本 c，可变资本 v 和剩余价值 m 三部分。马克思的两大部类产业分类法揭示了社会总资本的流通过程，如何实现社会总产品的价值补偿和实物补偿，得出社会总资本再生产的实现条件，揭示了资本主义剩余价值生产的秘密。但这两大部类产业划分理论对资本主义再生产的分析有一定的局限性，它并没有包含现实经济生活中所有资本形态，只涵盖了物质生产部门，即产业资本形态，而非物质生产部门——商人资本形态没有包括在内。并且这种分类不够细化，尤其是 20 世纪以后，产业资本内部结构及商人资本对经济发展的作用突出，而只有产业资本的发展研究，局限性较大。而马克思对于商人资本的使用，又是从剩余价值分配的角度出发的，产业资本创造剩余价值，而商人资本不创造价值，但商人资本的存在加速了产业资本的循环周转，节约了社会总资本的预付量，这一功能当时主要是由商业和银行业来完成的。也就是说在马克思进行资本形态划分时，除去工业、农业外，还有运输业、商业和银行业。

从综合资本形态中的产业资本和商人资本可以看出，其与当前三次产业划分在内容上是一致的。产业资本是创造剩余价值的部门，主要包括工业、农业即第一产业和第二产业。商人资本主要包括商业、银行业等非物质生产部门，而这正是第三产业的内容。只是在19世纪，第三产业（服务业）中的教育、科研等行业虽然已经产生但还没有成为商人资本的内容，马克思也未对其加以研究。进入20世纪以后，这些行业得到了迅猛发展，在原有行业的基础上又产生了很多新行业，使服务业的外延不断多样化、丰富化。从18世纪第一次工业革命算起，服务业经历了200多年的发展，它所包含的内容历经由小变大，由少变多，由弱变强，由低到高的历史过程。因此，在研究当代服务业或从国民经济发展水平看第三产业问题时，更注重服务业的行业组成，也就是服务业的外延。如果从当代来看服务业的外延，按照官方和学者们比较相近的意见，它大约包括了15类行业部门：①交通运输业和仓储业、邮政业；②信息传输和计算机服务软件业；③批发和零售业；④住宿和餐饮；⑤金融业；⑥房地产业；⑦租赁和商务服务业；⑧科学研究、技术服务和地质勘查业；⑨水利环境和公共设施管理业；⑩居民服务和其他服务业；⑪教育业；⑫卫生社会保障和社会福利业；⑬文化体育和娱乐业；⑭公共管理和社会组织；⑮国际组织。第三产业丰富的内容使其分类问题、劳动生产率问题、内部结构问题等都有待深化。第三产业的研究是马克思主义资本流通及资本形态理论在当代的新发展，为解决第三产业研究中的争议问题提供了科学的理论基础，将马克思主义资本流通理论和资本形态理论与第三产业理论结合起来，才能更好地说明20世纪40年代后第三产业及其结构发展对资本主义经济的影响。

四、资本形态独立形成服务业的历史条件

自从有物质资料生产后，随着生产力的发展，社会分工得到了深化。社会分工首先在物质资料部门产生，产生了农业、手工业、畜牧业的分离，这也就是早期的农业和工业。在物质部门分离后，交换范围扩大，于是社会分工中产生了商业。在农业和工业外，产生了符合现代产业分类的服务业——商业，显现出了三次产业的萌芽。到了资本主义生产条件下，在农业和工业发展的同时，商业、银行业等服务业也得到了发展，这是社会生产力发展的必然。

（一）商人资本存在的前提条件

商业、商业资本和借贷资本都比资本主义生产方式产生得早，早在原始社会后期，为了完成商品交换，商业资本就产生了。这表明只要有商品交换和货币流通，就会相应地产生商业资本，而不用考虑这种交换是什么社会生产方式下生产出来的，因为在任何社会生产方式下，进入流通过程的商品都是为了交换而存在的；而货币经营资本最早产生于商品流通，只是这一流通超出了国界，是从国际贸易中发展来的。在外国购买商品或向国外销售货物的商人就需要把各国的货币进行兑换，用本国货币兑换外国货币或用外国货币兑换本国货币，这样就产生了兑换业务，同时也产生了汇兑银行。

（二）商人资本产生的基础

首先，工农业发展也就是产业资本的发展是商品经营资本发展的基础，商品经营资本的发展依赖于工农业的发展，因为工业和农业的产品成为商品，必然要借助于商品经营资本来买卖，工农业越发展，生产出的商品就越多，商品经营资本就越发达。同时，工农业生产的产品越多，就需要规模越大的商品经营资本来出售，如果商品经营资本与工农业发展的规模不相适应，工农业的再生产就会受到影响。快速增长的产业资本，也需要商品经营资本快速增长。另外，工农业发展，其产品需要扩大市场，甚至出现世界市场，商品经营资本迅速发展，进一步推动工农业的发展。但商品经营资本对产业资本的积极作用不能过分夸大，因为商品经营资本的扩大是建立在资本主义生产方式存在和发展的基础上的，只有资本主义产业资本的发展，才能使商品生产发展，市场规模扩大，商品经营资本得以发展。

（三）技术进步与社会分工产生服务业资本形态

首先，产业资本中的生产资本形态，在企业资本家追求超额剩余价值时诱发技术进步，促进生产过程中产生企业内部分工，生产资本的一部分更加集中在主要生产环节和部分，使企业走向专业化生产的方向。而另一部分生产资本脱离生产领域走向服务性资本形态，如更多的资本用于运输、仓储、销售等行业。这一部分职能资本在社会分工的作用下，由企业内部走向社会，产生新的行业资本，这些资本形态最终形成独立的服务性企业。

其次，同样在技术进步和社会分工的作用下，产业资本中部分率先实现专业化经营的企业就会对有一定专业性的固定资本或可变资本——劳动力产生更高层次的需求，这样就推动了社会上为之提供固定资本的技术研究开发行业、培育高素质劳动力等行业的产生，当这些行业普遍转化为两大部类生产时，在工业化阶段，就会形成有别于两大部类原有的实体产业的资本形态，这部分资本形态为实体产业资本服务，如教育、研发、能源开发等行业，成为社会总资本周转中的环节。

最后，技术进步引发的专业化、行业化分工发展，使产业资本形态上的直接劳动时间即创造使用价值和企业商品价值的过程大大缩短，产量和价值量增加，但同时却使为产业资本运动服务的那些服务性生产劳动时间，成为商品价值形成的重要部分。企业专业化生产只是最终产品生产的某一环节，同时行业化的分工发展使生产的社会化程度大大提高，彼此的技术依存、关系依存越来越紧密，因而使生产劳动的外延大大地扩大了，直接劳动过程之外的服务性劳动成为专业化生产过程的必要前提、支撑与组成部分。没有这些部分，产业资本无法运动，社会总资本流通也无从谈起。

五、马克思资本形态及资本流通理论的当代条件变化

马克思资本形态及资本流通理论运用抽象的方法，去除资本具体形式、运动过程等现象，从本质上揭示了资本的追逐剩余价值的本性。但在社会生产方式发生了一定变化的情况下，资本流通中的具体形态增加了，这一理论就有了一定的局限性。

（一）资本形态划分的生产方式发生改变

资本的生产方式在大机器生产的情况下，机器代替手工工具极大压缩了社会必要劳动时间，使资本获取更多剩余价值。"机器是在使商品更便宜，是要缩短工人为自己花费的工作日部分，以便延长他无偿地给予资本家的工作日部分。机器是生产剩余价值的手段。"[①] 机器生产方式决定了资本生产是大规模、

---

① 马克思.资本论（第 1 卷）[M].中共中央马克思恩格斯列宁斯大林著作编译局，译.北京：人民出版社，1975：410.

标准化的生产。"所有发达的机器都是由三个本质上不同的部分组成：发动机、传动机构、工具机或工作机。"①机器的核心是工作机，也正是由于工作机的使用，使生产方式由工场手工业过渡到机器大生产。"是这样一种机构，它在取得适当的运动后，用自己的工具来完成过去工人用类似的工具所完成的那些操作。"②由于工作机摆脱了人身体的器官数量的限制，工作机上同时作业的工具数量不断增加，工作机规模也不断扩大。降低成本是资本追求的永恒目标之一，可互换零件或标准化零件出现在制造业中，标准设计和标准模型原则是 19世纪制造业的基本特征。

而在当代，尤其是科学技术的发展，使生产进入信息化、知识化的状态，20 世纪 70 年代丰田生产方式的出现，使制造业生产方式进入了大批量定制阶段，在这一阶段，大量生产与定制相结合，直接根据用户的需求调整产品的类型。这一生产方式改变了标准化生产，产品差异大，种类繁多。而到 21 世纪初，制造业生产进入了个性化量产的阶段，产品设计更突出了消费者的需求，根据消费者的需求设计产品类型。制造业的特点就是差异化服务能力。这样的发展趋势使产品生产从直接生产过程来看简单了，但从整体价值实现来看，却是生产环节向前向后延伸，生产更复杂了。产品的生产从设计研发开始，进入直接生产，然后还要有安装、维修等环节，才能实现自身价值。这样原有资本形态划分就显得简单了，不能真正反映资本循环的过程。

（二）原有资本形态不能涵盖现有的全部资本形态

在过去生产流通鲜明的情况下，仅考察生产货币资本、生产资本、商品资本就能够说明生产的实质及其运行。但在当代，在信息化、知识化的条件下，计算机技术，一方面使生产过程复杂化了，产品不仅停留在直接生产过程，更多地经过研发设计、售后维修等环节，这样就出现了许多新的资本表现形态，突出表现就是服务业资本的兴起。甚至在服务业资本中过去没有研究过的行业发展迅速，而从前经济中的主力军却出现了没落的趋势。以 2006 年的美国为例，房地产与商务行业、政府公共服务业分别占 GDP 的 24.8% 和 21%，而

---

① 马克思.资本论（第 1 卷）[M].中共中央马克思恩格斯列宁斯大林著作编译局，译.北京：人民出版社，1975：410.
② 马克思.资本论（第 1 卷）[M].中共中央马克思恩格斯列宁斯大林著作编译局，译.北京：人民出版社，1975：411.

传统的商业、运输、金融行业分别占 GDP 的 12.3%，3% 和 8.3%。[①]另一方面，在信息技术条件下，电子商务渗透到各个领域，使生产、流通、消费往往结合在一起，难以区分，其生产性和非生产性也难以认识。

（三）剩余价值的产业来源需要进一步深入探讨

生产资本循环说明了资本生产中的剩余价值来自生产领域，而从事生产的资本形式就是产业资本，主要指工业和农业。而由货币资本转化来的银行业和由商品资本转化来的商业是不创造价值的。银行业和商业的利润来自产业资本创造的剩余价值。但自 20 世纪 40 年代后，情况发生了变化，从表 1-1 可以看出，工业、农业创造的价值在绝对值上增加了，但在相对值上却在下降。而银行业、商业所属的服务业无论是价值的绝对值还是相对值都在不断增长。

表1-1 美国各产业部门占国民生产总值的比重

单位：亿美元

年份	国民生产总值 / 亿美元	第一产业		第二产业		第三产业	
		金额	占国民生产总值比重 /%	金额	占国民生产总值比重 /%	金额	占国民生产总值比重 /%
1950	2862	208	7.3	1060	37.0	1560	54.5
1960	5060	215	4.2	1797	35.1	3031	59.9
1970	9824	287	2.9	3159	32.2	6353	64.7
1980	27470	667	1.36	8257	29.7	18919	68
1990	55840	1087	1.61	13889	24.2	42463	74
2000	144471	1734	1.2	33806	23.4	108931	75.4
2011	150940	1811	1.2	30188	20.0	118941	78.8

资料来源：《美国统计摘要》，1979；［美］《现代商业概览》1998 年 2 月；国内生产总值（现价本币）《国际统计年鉴》，中国统计出版社，2013。

---

① 中华人民共和国国家统计局.国际统计年鉴 2009[M].北京：中国统计出版社，2009.

（四）劳动力资本在一定程度上改变了劳动者的依附地位

美国经济学家戴维·S.兰德斯指出："国家的进步和经济的增长，首先是体制和文化，其次是钱。但从头看起来而且越来越明显的是起决定性作用的是知识。"[①] 在知识经济条件下，价值创造也从物质生产领域延伸到了无形的精神领域，劳动不仅仅局限于体力劳动、物质劳动、简单劳动，更包括复杂劳动。一种复杂劳动力的支出比普通劳动力耗费了更高的教育费用及更多的劳动时间，具有较高的价值。所以对它的消费也就表现为较高级的劳动，在同样长的时间内能够生产出更多的价值。劳动力不再是简单的体力、技能、经验的产物，而是知识、脑力、技能的产物，劳动力越来越复杂，其不可替代性也就越突出。当劳动力不可替代时，其就取得了资本地位，生产过程中劳动与物质资本一样重要，甚至超出了物质资本的重要性，劳动者在生产过程中的地位发生了变化，虽然还不能凌驾于物质资本之上，但对物质资本的从属性有一定程度的改变，主要表现为劳动者有一定的经营权，并在最终产品分配上享有剩余索取权。例如，20世纪西方各国实行利润分享制，主要有利润分享、企业所有权分享、企业管理权分享三种形式。在利润分享制下，企业除支付给劳动者工资外，年终时，还按一定比例拿出一部分利润分配给劳动者。在企业所有权分享中，劳动者可以获得企业的一定股份，这样劳动者就成为企业的所有者，按其股份大小享有企业的分红及股票增值，甚至还可以以股东身份参加企业的经营管理。在企业管理权分享制下，劳动者选出代表参加企业的经营管理，从而获得一定的经营决策权。

---

① 戴维·S.兰德斯.国富国穷[M].门洪华，等，译.北京：新华出版社，2001:383.

第二章　20 世纪 40 年代后资本形态变化

　　如何来划分服务业发展的历史阶段，在理论界，我们看到的要么是碎片性的，要么是似是而非的说法。所以，做一个轮廓性的梳理是必要的。众所周知，从历史演变和最初一般意义上的服务业，实事求是地说，早在人类社会三次社会大分工之后，伴随着小商品生产与流通的发展，尤其是手工作坊和工场手工业两个阶段的发展，一些领域就开始有了诸如餐饮、旅店业、修理业、钱庄票号业的萌芽、马帮运输业等服务业形式。但是，近现代意义的、逐步成长为西方发达国家国民经济结构的一个组成部分的服务业，则是在欧洲资产阶级革命后，第一次工业革命直接推动和被资本革命化为物化资本后才真正开始的，之后，它历经以电动机为代表的第二次工业革命和第三次科技革命连续不断的催化，以及垄断资本主义、国家垄断资本主义经济政策与经济杠杆的调节作用，终于在人类社会历史上以一种独立的产业层次而存在了，作为国民经济结构的一个重要部分，成为国内生产总值的主体部分。若屈指算来，达到今天这样一个水平，它足足横跨三个世纪，约二百年。因此，可以说，近现代服务业发生于第一次工业革命，发展于第二次产业革命，与前两次工业技术革命相伴而生，而达到规模化、普遍化、独立化、产业化为国民经济的重要支柱，则是在20世纪40年代后第三次科技革命以后。这样一个客观历史过程，就是发生发展直至高度社会化的过程。与之相适应，这一段人类历史，也恰好正是丹尼尔·贝尔所提出并加以论证的工业化社会阶段的后工业社会阶段存续与转变的历史过程。主要资本主义国家在长期经历第二次产业即工业化社会后，20世纪50年代以知识、电子信息技术应用为基础的第三产业迅速形成并成为国民经济的主体部分。根据服务业的历史发展逻辑和经济学家们对人类历史经济发展阶段的划分，笔者拟将资本主义生产方式下繁盛起来的服务业发展划分为两个阶段，即工业化社会的服务业发展阶段和后工业化社会的服务业发展阶段。而这两个阶段大约以"二战"为分水岭。

　　从世界经济史中我们可以看到，工业化就是用机器生产机器，用集合了工具机、传动机和发动机为一体的机器体系取代手工劳动的过程，工业化阶段的基本任务就是生产手段的彻底改造。在这个阶段，西方资本主义国家在先后发生的两次工业革命和资本本性——不断地追求最大化利润的驱动下，不断地扩大着机器体系的规模，不断地用新的科学理论和技术创新机器体系，创新机器体系取代手工劳动和初级机器体系作业的方式方法等，科学技术不仅成功地改造了微观经济世界，也成功地改造着宏观经济世界。工业的各个部门与行业像雨后春笋一样不断繁殖不断裂变，直到20世纪50年代前后，在催生出又一次科学技术革命的同时，工业化终于达到了最高高度，包括从1910年左右就开始宣布自己完成了工业化的英美法少数几个国家在内的一大批国家（包括日本、澳大利亚、加拿大等）在实际上都完成工业化的任务时，服务业资本开始形成。

一、20世纪40年代前存在的资本形态

（一）工业资本集中在制造业资本形态

1.机械制造业资本

生产方式的变革在大工业中往往从劳动资料的改变开始。在20世纪40年代前甚至20世纪40年代后的一个短暂时期，资本主义生产的重点就是着眼于机器生产，一方面是利用机器进行生产，或利用机器改进生产方法，提高生产效率。另一方面是生产机器，改进劳动工具，提高生产效率。这样制造兴起了。

所以从第一次工业革命开始，生产工具出现了机械化。从纺织业开始，最先使用珍妮纺纱机提高劳动效率。而后诺思拉普自动织机的应用使生产得到最显著的改进，这种织机完全自动操作，一旦出现故障，它会自动停机，等待工人来修理，并重新把它开动。这样，工人管理的织机台数以及劳动生产率翻了两番；因为工人再也不需要待在织机旁边，以便断线时可以立即接好，免得纱线缠乱。随后一系列机械化生产也就产生了。纺织厂也发生了变化，由于使用机器，产品由毛织品向棉织品转变。服装业中采用了机器，缝纫机已经被普及，在电力代替脚踏后，缝纫机的生产效率大大提高，同时，像其他重大发明通常碰到的情况一样，缝纫机的应用范围逐渐扩大并且专业化。开钮机和缝纫机这类专用缝纫机造出来了，其他劳动密集型的生产工序，例如，裁剪和熨衣，在这个时期也基本上实现了机械化。

工业资本中也相应地产生了新资本形态。一个工业部门改变生产方式，相应地，其他部门也随之改变生产方式。工业部门应用机器也会推动农业机械化

及交通运输业的变革，因此机器生产必然带来生产机器。大工业必须掌握它的生产资料即机器本身，也就是说必须用机器来生产机器，只有这样所有的工业部门才能真正地改变生产方式，建立起大工业的技术基础。用机器制造机器要具备两个条件：一个是要有能充分供给力量同时又完全受人控制的改动机，一个是机器部件所必需的精确的几何形状如直线、平面等，这也要用机器来生产。因此，生产钻床、刨床、起重机、挖掘机、疏浚机、升降机、运输机、采矿设备、钻油设备、炼油设备和电机等工具的行业产生了，工业中产生了机械制造业资本。

2. 钢铁制造业资本

而机械制造业的发展离不开钢铁，在机械制造业后，钢铁业也就迅速兴起了。但早年由于冶炼技术落后，所以发展缓慢。在第二次工业革命的推动下，钢铁业一方面应用新的冶炼技术，另一方面使用新的动力即电力。美国钢铁业成长迅速。1920年生铁的产量是37519千吨，钢的产量达到42807千吨，[①]但仅经过20多年的发展，1944年生铁和钢铁产量都达到了20世纪40年代前的最高水平，生铁产量是55342千吨，钢铁产量是81318千吨，[②]各自增长近乎一倍。钢铁业不仅成长快速，而且对全局性特征增长作用突出，虽然它在第二次工业革命之前就已经存在了，还不是新兴产业和主导产业，但钢铁工业为制造业各行业提供高质量且价格低廉的原材料，钢铁业的高速发展为工业化奠定了重要基础。

3. 采矿业资本

机械制造和钢铁业的发展，对动力系统提出了新要求，原来的蒸汽动力不再适应大规模生产。于是第二次工业革命中电的发明就解决了这一问题。电出现后最先提供了完善的照明方式，但是不久电力也扩大到其他各种用途上。电力的应用不仅引起了国民经济活动的大量改组，而且影响到经济活动常用原料的开发。首先，电的产生推动了煤炭、石油等矿业的发展。在20世纪40年代前，电力适用于开矿，使地下开矿作业的机械化又一次得到促进，大大促进采

---

① 中国科学院经济研究所.主要资本主义国家经济统计集[M].北京：世界知识出版社，1962：65.

② 中国科学院经济研究所.主要资本主义国家经济统计集[M].北京：世界知识出版社，1962：66.

矿业的发展。电力有一个优点，即它使矿下可以利用更好的不会引起火花的照明光源，开矿史上似乎始终存在的问题从此得到了解决。在矿下适当的地方，引入电流之后，人们很快就着手利用电力来承担矿里各种劳累的任务（包括开凿、装料、运输和起重）以及传统的任务（如排水和通风）。在这个过程中，开矿的效率大大提高，大多数原料变得更加便宜了。反过来，开矿效率的提高，可以说明为什么诸如采煤之类的原料工业部门竟然比一般工业发展得快。矿业部门不仅改进了产品的运输，充分满足日益发展的制造业对原料的需求，而且把木头等传统原料排挤出市场，增加它自己的销售量，克服了它在经营中报酬递减的弱点。[①]其次，新兴的电力业促进了新资本形态的出现。工业极大地增加了对铜的需求。一个新的重要的工业应运而生。铜的产量从1880年的仅2.5万吨增加到1890年的13万吨。第一次世界大战期间，每年铜产量近2100万吨。[②]并且，直到这时，人们才发现电可以使铝分解，而且分解费用很便宜。这是铝工业兴起的关键，因为一旦可以花较少的成本取得铝，铝的特性自然会为铝本身争得市场。它耐腐蚀、质量小，又容易做成细薄的形状，因此不久就开始在诸如汽车和火车的车厢等需要减轻质量以提高效能的地方取代钢。它的可锻性使它特别适用作包装材料，例如当时在美国常常能看到的啤酒罐和铝箔纸就是证明。[③]对于电的使用，其本身的生产也是一个新的资本形态。其生产的增长也可以从电力的消费上看到，电力自从大规模使用，其消费量就是不断增长的，美国电力消费1926年达到95164百万度（1度=1千瓦·时），1945年则增长到了275028百万度。

4.汽车制造业资本

这一时期还有一个于20世纪20年代兴起的资本形态，即汽车业。同样汽车工业增长迅速，美国1929年小汽车的产量达到了20世纪40年代前的最高

---

① 杰拉尔德·冈德森.美国经济史新编[M].杨宇光，等，译.北京：商务印书馆，1994：413.

② 杰拉尔德·冈德森.美国经济史新编[M].杨宇光，等，译.北京：商务印书馆，1994：408.

③ 杰拉尔德·冈德森.美国经济史新编[M].杨宇光，等，译.北京：商务印书馆，1994：408-409.

水平，达 4587400 辆，1941 年载重汽车生产量高达 1060948 辆。[①] 汽车业包括各种使用内燃机的产品，所以，它就应该包括卡车、公共汽车及拖拉机等。汽车业改变了美国的经济结构，汽车生产带动了机械制造、电力、钢铁、石化等行业的发展。

5. 化学工业资本

化学工业也初步发展了。化学工业是在工业化的早期，对盐的利用是化学工业的兴起。早期人们用盐分解钠和氯化物及从盐中提取纯碱。同时在开采盐时也利用了新的技术。这一时期最重要的化学品是硫黄，主要是用硫黄制作硫酸。农业中的化肥生产也发展了，1929 年，农业消费化肥达 7082 千吨，而到了 1945 年时消费量达到了 13813 千吨。

到"二战"结束时，工业中的传统资本形态都已经存在了，它们的差别只是规模及在经济中发挥的作用的大小。20 世纪 40 年代前，工业资本形态主要有钢铁业、汽车业、机械制造业、电力业等行业资本形态。但在经济总量中占比比较大的依然是轻工业。工业资本形态有金属、金属制品、机器制造、电机制造、运输设备、建筑材料、锯材家具、纺织服装、橡胶制品、皮革、造纸、印刷、化工、原油煤制品、食品、烟草等。

（二）农业资本生产机械化和专业化

1. 农业资本生产专业化

在大工业产生前，农业生产率的提高是由生产规模扩大和区域经济专业化来完成的，20 世纪 40 年代前美国农业专业化就是对各地区农作物的种植进行了专业分工。这一分工是建立在自然条件下的。例如，1860 年美国农业经济中唯一的重要产麦区在伊利诺斯北部及威斯康星南部。但是这种情况不可能长久保持下去。由于在土壤比这个产麦区贫瘠得多、雨量也稀少得多的条件下，小麦也能生长，产麦区里的小麦几乎必然会被单产较高的其他农作物所取代，从而使价值高的土地得到恰当的利用。只要地价仍旧比较便宜，边区以外的地方会继续种植小麦。标志着这个时期变革的主要特点是，产麦区移到了相对来说

---

① 中国科学院经济研究所. 主要资本主义国家经济统计集 [M]. 北京：世界知识出版社，1962：102.

一直种植小麦的地方。① 在此基础上形成了北部春小麦带、南部冬小麦带。而畜牧业就集中在了达科他中部及正南方地区，因为这一带比较干旱。水果、蔬菜的生产则由于气候的原因主要集中在加利福尼亚州和南大西洋沿岸各州。而玉米带是非常广阔的，由东到西分布在内布拉斯加东部到俄亥俄边界，从南到北，由明尼苏达南部到密苏里中部。此外还有专业的棉花带。

2. 农业资本生产机械化

当然，农业生产率的提高并不仅仅是由于农业布局的改变而产生的，大工业生产的机器使农业生产技术提高，但农业的机械化刚刚开始。以鲜肉配送为例，其最能体现工业资本对农业生产的改变。在美国最早上市的鲜肉，以前几乎都是当地屠宰当地消费。原因很简单，没有电冰箱，不消几天鲜肉就要腐烂。运输到远方去所需的时间越长，肉的质量就越受到影响。然而，当铁路网日益扩展，通过它把大量的牛肉和猪肉从草原和大平原运出时，保持肉类新鲜不腐败的问题引起了人们的关注。最初是用天然冷冻，后来人们使用冷藏车。第一批"冷藏"车是在 19 世纪 60 年代开始采用的。它们不是我们今天看到的那种高级的，而是一种简单的箱状车辆，采取把冰和肉放在一起的简单隔热措施，在向东部运输鲜肉的过程中无须打开车厢补充冰块，因为车厢有一定的隔热层。但肉类难免变色，因而使得这些西部肉类在东部市场上销售时声誉遭到败坏。甚至在鲜肉变色问题得到解决后的几十年时间里，名声还是恢复不过来。避免鲜肉变色的方法是在 19 世纪 70 年代末期找到的，冰和肉分开放，然而仍保持冰的冷冻效果。人们设计出新的"冷藏车"内部结构：使冰和肉不直接接触，通过空气的不断流动，把冰的冷气传给鲜肉。在 1880 年，西部购鲜肉比东部同样质量的鲜肉便宜得多，致使此后 10 年里，东部饲养肉牛的业务相当大的部分不得不停止。事实足以说明，冷藏运输法获得了成功。② 冷藏运输也是农、商相结合的方法。

农业这一时期以种植或畜牧业为主业，包括种植业、畜牧业、林业和渔业资本形态，农业的社会服务业有初步显现。这一时期，农业资本形态的改变主要集中在经营方式上，没有新的资本形态。

---

① 杰拉尔德·冈德森.美国经济史新编[M].北京：商务印书馆，1994：494-495.
② 杰拉尔德·冈德森.美国经济史新编[M].北京：商务印书馆，1994：525.

（三）服务业资本形态

1. 交通运输业中的资本形态

在工业制造业的发展和经济商业化的影响下，交通运输业技术显著改进，产生了新的运输方式。在 20 世纪 40 年代前运输业的方式主要是铁路、汽车交通，管道、航空和航运也有一定发展，在这五种运输方式中铁路运输占据主导地位，而管道、航空、航运所占比重较低，其中管道、航空可以说刚刚起步。

由于铁路改用钢材制造了，同时还采用了坚固的车轮、车轴和路轨，单列火车的载货量增加了将近 15 倍。并且由于火车头的功率大大增加，火车能够拖运更多的货物，车厢数量也增加了，这些成就部分归功于锅炉设计和功率传动装置方面的改进，另外也归功于发动机体积的扩大，路轨强度的增加也部分地解释了这个问题。美国铁路建设飞快，19 世纪 50 年代发展速度提升，铁路建设的总里程每年增加，1910 年铁路的营运里程就达到 266185 英里（1 英里 =1.609 千米），全部线路长度达到 362824 英里，大约在 1929 年发展至 20 世纪 40 年代前的最高水平，营运里程为 247595 英里，全部战线长度达到 428402 英里。[①]铁路的基本设备和部件逐渐得到改进的同时，还出现了另一些精心创造的设计，就是全部运输车辆的专业化。为装运牛、鲜肉、石油、化学品、煤或其他矿产品而设计的专门货车，取代了可作各种用途的货车。随着货车结构的变化，专门装卸这些特定货物的设施也有了发展，例如，冷藏车、牛圈、牛槽和煤矿均建筑在铁路沿线附近，便于尽量降低运输成本。

马路和公路运输体系也有了一定的发展。19 世纪 90 年代，美国已经非常普遍地使用自行车了。自行车的结构有了很大的改变，开始更广泛地应用于运输和旅行。自行车在某种程度上替代了火车，并由此而出现了自行车凭低价与火车争夺运输生意的趋势。所以 19 世纪 90 年代陆续在各地建立起"修好公路"协会，这些协会是民间志愿组织的团体，有些类似非正式的商会，他们四处游说，宣传改善公路。"修好公路"的活动也得到很大一部分继续用驮马运输的人的支持。

---

① 杰拉尔德·冈德森.美国经济史新编[M].北京：商务印书馆，1994：435.

2.商业资本形态

为了与大工业相适应，完成大批量的商品流通，商业资本形态主要在经营规模上扩大化，由百货商店、联营商店和邮购商店来执行批发和零售的职能。它们经营的商品种类多，在经营方式上采取多种方法促进商品的周转速度。

（1）大规模、多种类经营

在城市发展的背景下，商业面临的市场规模扩大。首先发生经营规模变化的是零售业，这些零售业增加经营品种，由于百货商店掌握了比较大量的某些种类的商品，它们实质上已负起当地批发商的种种职能。因此花色齐全，顾客可以进行广泛的选择，它们很快就自然而然地绕过了这种中间商，而直接跟代理充分地挑选。这些商店里任何一类商品都一应俱全，可自成一家商店，因此把这种综合性的大商场叫作百货商店。由于经营种类多，百货商店发现中间环节的这些代理商也是多余的。百货商店往往希望订购某些商品，或按某些特殊要求进行创造，这时，它们就带着自己的要求直接去跟制造商打交道。这样，它们有时就完全撇开了中间商。百货商店不仅以多种多样的商品为大量的零买顾客服务，而且它们还搜集顾客们的意见向制造商反映，以便改进产品。百货商店的成功，部分由于它们做了种种创新，绕过了现有的各级批发商，从而使它们经销的商品成本降低了。绕过经销商就使商业资本与产业资本搞起了一体化。这种一体化由商品的特点决定，工业品往往用一体化的方式销售。但还有许多商品并不适合这种销售方式。

首先，商业资本不仅采取新的经营方式，以销售更多商品品种，还实行固定价格。这办法很快被推广到所有的商业中。随着商品交易量的增加及不同市场之间的区别减少，价格趋向标准化，固定价格有利于降低成本。其次，实行货不合意、均可退货的保证，在进行大规模买卖时，商品质量未必件件相同，因此买者和卖者进行讨价还价也是合理的，但由于已经实行了固定价格，就阻止了买者和卖者的谈判，如果产品质量没有达到预期的要求，可以退货。退款保证可以看成是一种节约劳动的创新。

（2）统一流通管理，降低流通费用

降低流通费用，是商业资本的永恒追求。商业资本主要是促使生产者创立自己的商标，缩短流通时间。比如，更多的商品开始在企业之外加工生产，它们往往包装在罐头、瓶子、袋子或盒子里，所以，消费者在买下之前难以检查它们的质量。结果，消费者就依据自己所熟悉的一些产品商标，来判断标签后面的商品质量。生产者很快认识到消费者这一做出购货决定的途径，于是就精心设计商标，并广为宣传，以此作为增加销售的一种方法。注意到这个时期（各种消费品，特别是食品）包装方面的广泛变革，那就可以对其他创新的好处有个恰当的评价了。商业资本还创立自己的商标降低流通费用。商业资本起先只是在包装商品时贴上它们自己的、叫人一看就认识的标记。通过跟已有的厂家订立合同，商业资本取得了使用本店商标的权利，那些生产厂商常常也用它们自己的标记生产同类商品。这种私人店号的商标有个好处，那就是一般都会使单位商品的广告费用减少。单个商业资本经营的不同商品往往都贴本店号的统一商标，因此，只要为这个商标做广告，就不必替店里所有商品一一做宣传了。这种广告的主要内容，只是说这家商店的各种商品质量优良，价格还略低于贴有生产厂商商标的同类产品。这样的宣传一般是正确的，因此商业资本实际上只是把别人花了更多的钱做广告才确立了信誉的那些商品换上了自己的商标而已。从某种意义上说，店号商标是把一种新的竞争形式引入了销售业，这时，销售业正处于从提供单一商品服务到提供各种商品服务这种转变过程中。

（3）邮购经营出现

这个时期商业的一个重大革新是邮购经营方式的产生。通过邮购，农村地区商业的总交易量大大增加了，一个家庭只要翻阅一下最新的邮购商品目录，他们就可以了解五花八门的可以替代家庭自制的产品了。有现成的服装，人们无须在家里自己织制衣服，有各种炊具及碟子，人们省得靠手工自制，有乐器和煤油灯，收割之后人不再在晚间围着篝火听那些老掉牙的故事传说。而且，这种商店代为采购和运送，人们无须花费很多精力便可把好多希望变成现实。邮购资本不仅在自己的营业范围内，向农村商店低价出售产品，而且还把农民过去自产自用的很大一部分产品投入美国市场进行销售。

（四）20 世纪 40 年代前资本形态特点

从这些有限的统计资料所表现的西方发达国家服务业资本形态的历史发展，在工业化社会阶段的演变情况，至少我们可以看到其呈现出一些共同的发展特点，20 世纪 40 年代前资本形态是 20 世纪 40 年代后资本形态变化的基础，这一时期的资本形态在一定程度上影响了 20 世纪 40 年代后资本形态变化的趋势。

1. 这一时期的资本形态仍以产业资本为主

这一时期资本形态的变化主要集中在生产过程中的劳动工具的改革上，尤其是工业资本生产中的工具改革。这些劳动工具的改革来源于第一次和第二次工业革命，这是科技革命，使资本形态生产中的科技含量加大。仍以钢铁业为例，钢铁业的劳动生产率的提高主要是依靠新生产工艺的利用，如托马斯炼钢法、贝氏炼钢法、马丁炼钢法等，还发明了电炉炼钢法，使世界钢产量急剧上升，钢材代替了木材和生铁，成为制造机器、船舶、火车、大炮、铁轨的原料。同时由于这些新工艺的使用，钢铁产业迅速成为工业中的主导产业。钢产量1929年达到56434千长吨（1长吨=1.016吨），在大危机时产量下降，在1938年只有28350千长吨，到1953年达到99652千长吨[①]，比1929年增长了近两倍。交通运输上，铁路及火车机车的新建造技术出现，钢材的质量提升，使轨道建设发展，带动了交通运输业的发展。钢轨产量1923年达到历史最高产量，2905千长吨[②]。伴随着产业资本的发展，非生产性服务业率先发展起来，主要表现在和商品流通有关的一些服务业上（为商品交换服务的服务业），包括商店、餐饮、交易市场、旅店业等。

2. 20世纪40年代前资本形态是大规模生产

20世纪40年代前资本形态主要集中在制造业，此时这一资本形态的特点就是大规模生产，资本投入量大，就业人数多，同时服务业资本形态也开始向大规模发展。以美国钢铁业为例，1940年钢铁业就业人数达到50.3万人。到1943年则增加到65.9万人。[③]美国钢产量占世界总产量的一半，但就是这样一种庞大的生产规模并不是集中在多个企业资本手中，美国钢业联合公司在钢铁业发展初期建立，至1941年拥有资产约2亿元，其钢产出量占全国总产量的45%，[④]占了美国钢铁业总产量的半壁江山。对电力来说，1941年美国电气债券股票公司总容量和售电量占到全国总量的16%，而其他相对大公司只占到5%

---

① 中国科学院经济研究所.主要资本主义国家经济统计集[M].北京：世界知识出版社，1962：6.

② 中国科学院经济研究所.主要资本主义国家经济统计集[M].北京：世界知识出版社，1962：6.

③ 熊式辉.美国之重工业[M].上海：商务印书馆，中华民国三十四年：91.

④ 熊式辉.美国之重工业[M].上海：商务印书馆，中华民国三十四年：93.

左右。① 至于其他行业资本如铁路、化工、机械制造等的状况也大致如此，资本通过大规模生产以提高劳动生产率，降低成本，获取最大限额的剩余价值，相应地，服务于产业资本的服务业资本也必须大规模地将服务转移至消费领域，交通运输、商业等扩大流通规模，表现最突出的就是商业的经营品种，大型商业企业流通的商品都在上千种。同时产业资本和商业资本的大规模经营，也要求银行业迅速地组织大量资本，银行业也成为运作资本规模大、资金实力雄厚的大银行、大资本。

3. 资本形态运动范围扩大

这一时期工业资本大规模生产，劳动效率提高，商品数量增加，农业在这一时期虽然也开始使用机械，还采用了专业化的方式提高劳动生产率，并同工业、运输业相结合，出现了产品专业化。交通运输业，以煤气为燃料的四冲程内燃机、以汽油为燃料的内燃机和柴油机解决了交通工具的发动机问题，火车机车的产量大增，资本形态运动范围扩大，资本在国内统一市场和世界市场范围内进行生产和流通。市场范围的扩张，要求非生产性服务业的跟进。

这一时期资本形态虽然和20世纪40年代后一定时间的资本形态大致相当，但只处于服务业资本萌芽期间，相对比较简单，国民经济的重心还是工业、农业，并且工业在国民经济中的比重不断增加，农业也强劲发展，仅次于工业，而运输业、商业、金融业服务于工业和农业，工农业资本发展带动运输业、商业等的发展，但处于从属地位。

二、20 世纪 40 年代后资本形态新变化

"二战"结束后，第三次科技革命进一步推动经济结构和社会结构发生深刻的变化，工业化社会进入经济发展的新时代。这时期工业社会用机器生产方式取代手工劳动的过程基本完成。国民经济的整体实力和收入结构、社会结构（城乡结构、农工结构）的差别已经大大缩小。生产的专业化、社会化程度达到了空前的高度。社会经济各个方面的相互依存度更加紧密。这就为新兴服务业的诞生创造了极大的可能性。20 世纪 40 年代后资本形态在流通过程中的具

① 熊式辉. 美国之重工业 [M]. 上海：商务印书馆，中华民国三十四年：63.

体表现形式发生变化，传统的钢铁、机械制造等资本形态在国民经济中的地位下降，并在工业资本中出现了新的资本形态。而农业资本直接生产的种植业、畜牧业比重下降，而生产前、后的服务资本形态发展起来。这些新的资本形态和传统服务业的资本形态组成了现代服务业。

（一）资本运动环节独立产生新资本形态

20世纪40年代后产业资本流通过程依然是 G—W…P…W′—G′，但资本形态尤其产业资本在依次转化的过程中，在行业上的具体表现形式产生了巨大变化，并对经济产生了一定影响。

1.农业服务业资本

农业服务业资本可以说是产业资本循环中最早独立出来的以服务业的形式存在的资本形态。随着工业生产的发展，尤其是机械制造业的发展，农业生产中也广泛使用机器，并大幅度提升劳动生产率。农业生产不仅是机械化，而且在机械化的基础上实现了自动化。美国农业在20世纪40年代中期，用内燃机和电力取代畜力机械，基本上实现农业的机械化，从50年代开始至60年代末，实现全面机械化，70年代至80年代机械化向纵深发展。在这一过程中，农业机械向多功能、大功率、自动化方向发展。从表2-1可以看出，农用拖拉机的平均功率从1950年的27.4马力[①]/台，增加到1983年的59.1马力/台，并且拖拉机的性能也大大改进，轮式万能拖拉机完全取代旧式的机械马拉拖拉机，这表明农业机械的自动化程度提高了，美国种植业从耕地、播种、中耕、施肥、喷药、收割甚至到排灌、运输、烘干、贮存和加工，全部工作都实现了机械化操作，而畜牧和家禽业的机械化也更早地完成了。

表2-1　1940—1983年美国农场拥有的主要农业机械

年份	1940	1950	1960	1965	1970	1979	1983
拖拉机数量/千台	1567	3394	4688	4787	4619	49899	4615
平均每台马力	—	27.4	32.6	36.8	43.9	53.3	59.1
联合收割机数量/万台	19.0	71.4	104.2	91.0	79.0	66.4	67.4

---

① 1马力等于735瓦特。

续 表

年份	1940	1950	1960	1965	1970	1979	1983
玉米摘拾机数量 / 万台	11.0	45.6	79.2	69.0	63.5	69.4	68.5
饲草收机数量 / 万台	—	8.1	29.0	31.6	30.4	30.1	29.5

资料来源：[美国]《美国历史统计，殖民地时代至1957年》，第285页。[美国]《美国统计摘要》1973，第598页；1985，第653页。

农业资本生产方式机械化、自动化的同时，在生产组织形式上出现了大规模、专业化生产的特点。专业化生产有巨大的优越性，所以美国的商业性农场可以说都是从事一类产品为主的专业化经营。1950年专业化占农场总数的87%，1982年这类农场的比重已达99.9%，而综合性农场的数目，从1950年的49.5万个迅速地减少到2000个。①进入20世纪90年代后经营专业化更为突出。

由于农业的机械化和专业化发展，农业生产资本的许多职能从生产环节分离出去或由专业的服务公司完成，从而形成独立于农业又与农业生产紧密联系的服务业资本，为农业生产的产前、产中或产后服务。美国在20世纪50年代就形成了完整的农业服务体系。原来由工场自己完成的生产前的准备环节，如生产前的育种、农药、肥料、调配饲料等环节，现在绝大部分由专业的公司进行。同时，在农业资本生产过程中，由于机械、技术的专业化，生产中的许多环节也开始由专业的服务公司来完成。大规模农场要投入使用的机械种类增多、功率增大、专业技术性强，从表2-2看到，到70年代美国农场的生产性资产就达到215648美元，农场主没有能力也没有必要购置全部所需的农机装备，因为大型专业农业机械价格昂贵，且受季节影响，年利用率很低，于是便出现了大批农机租赁公司以及直接向农场主提供各种生产性服务的专业公司，并且随着农业机械化的水平的提高，农场已无法自己修理各种复杂的农业机械设备，于是各大农机公司，在全国各地设立销售中心或经销点，把农机生产、销售、使用指导和修理服务配套，组成农机维修服务网。此外，有耕翻土地公司、播种公司、中耕公司、施肥公司、植保公司等，为种植业农场喷洒农药、化学除草或大面积播种等技术性较强的工作，都交给专业的服务公司来完成。

① 章嘉琳.变化中的美国经济[M].上海：学林出版社，1987:98.

畜牧业、禽蛋农场的种畜、种禽培育繁殖往往由其他农场或专业公司承担。牲畜的配种、防疫，肉畜的屠宰也都由专业公司或工厂分别承担。据统计，美国农业服务企业早在1968年就已经达到了3.26万家，就业人数42万多人，年总收入达20.9亿美元；1974年就业人数达50.1万人，1978年已达到了99.78万人。[①]

表2-2　美国农场生产性资产

年份	总额/亿美元	每个农场的生产性资产/美元
1950	950	17379
1960	1575	42999
1970	2490	89477
1975	4110	162955
1977	5331	215648

资料来源：《世界农业》第七辑，农业出版社，1980，第107页。

同时表2-2显示，美国生产性资产增长迅速，由1950年的950亿美元增长至1977年的5331亿美元。

2.工业资本形态运动中独立出来的新资本形态

20世纪40年代后工业资本行业组成发生变化，旧传统工业资本衰退，新兴工业资本迅速发展。20世纪40年代后美国工业生产增长，但这种增长是短暂的，到70—80年代，钢铁、汽车、半导体等美国长期处于统治地位的传统产业渐次衰退。钢铁业是美国的传统支柱产业，粗钢产量1980年为1.5亿吨，1986年下降到了74万吨。80年代中期，钢铁业出现连年亏损，直到90年代的1993年仍亏损3.5亿美元。[②]而美国的汽车行业，在60年代其产量占到世界总产量的75%以上，1980年美国汽车在国际市场占有率下降到20.7%，由汽车输出国变为汽车输入国。半导体产业是由美国兴起的，20世纪60年代起，美国在半导体存储器的生产方面一直占有绝对优势。70年代中期，美国分别

[①]　宣杏云，徐更生.国外农业社会化服务[M].北京：中国人民大学出版社，1993：262.

[②]　王天伟.产业发展之路[M].天津：天津科学技术出版社，2010：136.

占有半导体世界市场的 60% 和国内市场的 95%。到 1987 年日本半导体产业在世界市场份额超过 50%，而美国在世界半导体市场份额下降到 40%。1983 年，在世界前 100 名的半导体设备制造商中，美国只有 7 家，日本只有 3 家，到 1990 年美国还剩 1 家。同时美国公司所占市场份额也由 74% 下降到 45%。[①] 美国几个传统产业和新兴产业产值变动见表 2-3。

表2-3 美国几个传统产业和新兴产业产值变动表

行业	产值 / 百万美元		产值增减 / 百万美元	增减速度 / %
	1988	1994		
炼油	12169	122798	−1371	−1.1
农用化学制品	7391	6716	−675	−10.1
建筑设备	14138	12881	−1257	−8.9
计算机及辅助设备	62733	70550	+7777	+12.4
通信设备	33898	46980	+13082	+38.4
生物制药	40942	51298	+10356	+25.3

资料来源：《美国统计摘要》，1995。

（1）机械和设备的维修和安装

从机械化生产开始，出现了大机械设备，并且随着科学技术的进步，这些机械设备也越来越复杂，不是专业人员难以操作和维修，所以机械设备的使用过程中需要专门的技术人员来进行安装、调试和维修。这些修理业包括金属制品的修理、机械修理、电子及光学设备修理、电气设备修理、运输设备修理及其他设备的修理，此外还有工业机械和设备的安装。这一部分还应该包括个人和家庭用品的修理，这也是个人和家庭的用品的复杂化和精密化的结果。

（2）科学研究与发展

20 世纪 40 年代后工业资本的发展，在很大程度上依靠科学技术的提高。50 年代以来美国科学研究和技术开发的经费急剧增长。50 年代初美国科研经费每年约为 50 亿美元，在 1960 年就上升到 135.5 亿美元。50 年代后美国的研

---

① 王天伟. 产业发展之路 [M]. 天津：天津科学技术出版社 ，2010：136.

究与发展经费占国民生产总值的比重不断提高，1955 年为 1.55%，1960 年为 2.68%，1965 年为 2.92%，1970 年为 2.65%，1975 年为 2.26%。科研经费投入加大的同时，科研队伍的规模也有飞跃发展。1941 年美国从事科学研究的人员只有 8.7 万人，1961 年增加到 42.5 万人，1976 年超过 54 万人。在私人企业中，科技人员占有较大比重，例如，美国电话电报公司的贝尔研究所，雇佣 1.6 万名职工，其中科学家和工程师为 0.7 万人。[①]

（3）法律和会计活动、计算机系统设计等

这个行业自 2001 年以来，以比较高的速度和比较稳定的态势发展。法律报务 2008 年达到了 2561 亿美元，8 年增幅达 59.5%。会计、纳税准备以及簿记和发薪簿服务 2000 年的收入为 794 亿美元，2008 年上升到 1284 亿美元，8 年增幅达 61.7%。建筑、工程相关服务 2004 年收入为 1843 亿美元。2008 年上升到 2661 亿美元，4 年增幅达 44.4%。专业设计服务 2000 年的收入为 179 亿美元，2008 年上升到了 253 亿美元，8 年增幅为 41.3%。计算机系统设计和相关服务 2000 年收入为 1864 亿美元，2008 年上升到了 2466 亿美元，8 年的增幅为 32.3%。[②]

（4）直接生产过程独立出的资本形态

20 世纪 40 年代后，尤其是随着科学技术的进一步的发展，工业制成品的结构越来越复杂，精密度要求越来越高，所需的零部件也越来越多，这么多的零部件都由一家企业来完成其全部过程的生产，不仅是不可能的也是不经济的。在这种情况下，大企业将其某些生产工艺或零部件的生产交给专业化中小企业生产对其更有效率。这些中小企业专门生产原来整个生产过程中分离出来的某一种或几种零部件，专业化程度高，生产品种少，就可以精益求精。随着技术的进步，市场的扩大，许多生产工艺生产也社会化，由中小企业起先专业化加工，从而出现了诸如铸造、锻压、冲压、焊接、喷漆、电镀等从事专业化工艺加工的中小企业。生产资本的直接生产环节社会化，不仅在国内进行，而且进一步在世界范围内扩展。零部件专业化、工艺专业化的生产最简单的方法是承包给其他国家的企业进行专门生产。如欧洲的 A–300B 空中汽车客机有 20%～50% 的配件是美国制造的。现在不仅一个产品的不同零部件在不同的国家生产组装，而且一个零部件的若干道加工工序也完全可能是在几个国家内分

① 褚葆一.当代美国经济[M].北京：中国财政经济出版社，1981:53.
② 陈宝森.当代美国经济[M].北京：社会科学文献出版社，2001：157.

别完成的。钢铁制造过程中钢铁铸造工艺及金属的锻造、冲压、轧制和包覆等独立出来，形成一个新的资本形态。

（二）20 世纪 40 年代后出现的新资本形态

在第三次科技革命中产生了许多新的资本形态，它们大都集中在工业资本领域中，是科学技术的物质转化形式，从各方面提高劳动生产率，促进经济发展。所以这些新兴的资本形态被归类为服务业资本，但其既有工业资本的内容也有服务业资本的内容。如信息业，对计算机等机器设备的生产是新增加的工业资本，而提供的信息则是服务业资本的范畴。

1.咨询业资本

工业和农业资本经营的专业化使组织企业化，于是工农业资本生产中就产生了管理咨询的需求，这种咨询服务独立产生新的行业资本形态。这类咨询服务主要有四个方面的内容：一是信息服务，美国工农业商业化程度高，而且出口率也高，因此，国内外市场信息对工农业产业资本及营销产业组织显得尤为重要。这方面的服务主要由国家部门和一些全国性的合作组织负责。二是财务管理和审计咨询服务，美国工农业资本属于资本密集型产业，规模大且资金来源多数是贷款，财务管理很关键，所以，美国有很多为工农业资本提供财务管理和审计服务的合作社和企业。三是管理服务。由于美国工农业资本已进入电子技术时代，因此工农业生产中不仅把计算机应用到了经营管理当中，还用来控制和操作各种机械设备，如控制灌溉设备、控制饲料的用量和比例等。这方面一般由地方学院或其他研究机构的计算机中心提供联网和咨询服务。四是法律及其他服务。由于美国市场化以及工农业专业化程度高，交易、协作机会多，合同契约也相当普及，因此，为工农资本间合约的顺利缔结和执行，以及违约纠纷等提供法律咨询服务的合作社及私人企业也为数不少。

2.信息业资本

信息业资本的业务：一是对信息和文化产品的生产、发送；二是传递提供信息和文化产品、数据或通信手段。信息资本既不同于商品也不同于传统的服务资本。信息业资本在这些年的发展过程中也不断地调整着自己的子系统。

图书出版业、杂志业、报纸业正处于下降阶段，2005 年报纸业资本年收入 495 亿美元，2006 年收入下降 0.7%，2007 年收入下降 2.7%，而到了 2008

年下降速度更快，达到 8.3%。电影和唱片业增长明显，2005 年收入 937 亿美元，2008 年收入 1018 亿美元，在 3 年中达到了 8.6% 的增长率。有线电视和其他定购节目 2005 年的收入为 354 亿美元，2008 年上升至 451 亿美元，在 3 年中增长了 27.4%，增长速度飞快。网络出版和网络广播则日新月异，2005 年的总收入达 104 亿美元，到 2008 年则上升到 200 亿美元，在 3 年当中增长 92.3%。电信业的增长速度也是较快的。电信业 2005 年的总收入为 4452 亿美元，2008 年则增长到 5155 亿美元，增长 15.8%。而网络服务资本是增长最快的，特别是一些门户搜索网站，其 2005 年收入达 70 亿美元，而到了 2008 年则上升至 144 亿美元，增幅高达 106%。①

（三）原有小资本成长为重要服务业资本

1. 教育和文化资本

（1）会展产业资本

会展业于 20 世纪 70—80 年代兴起。当今，美国几乎所有的城市都进行了会展中心的建设，会展业竞争非常激烈。美国展览业研究中心的统计表明，美国于 2001 年举办了 11094 个展览，85% 的展览是行业展览；15% 是零售展览；并且在所有的展览中 38% 在展览／会议中心举行；行业展览中有 67% 是非营利性协会举办的展览，其余由营利性公司举办。1986—2000 年间，美国举办的展览数量增长了 7.36%。② 会展业每年的创汇达几百亿美元，在对 GDP 的贡献排名中名列前茅。

（2）知识版权产业资本

近 20 年中，美国的知识产权产业增长迅速。在产值方面，它的增长率一直比其他产业高。1994 年，美国的核心版权产业创造了 2546 亿美元的产值，占国民生产总值的 3.78%。1996 年，产值为 2784 亿美元，占国民生产总值的比重为 3.65%；2001 年，美国该产业产值大约为 5351 亿美元，在国民生产总值中的比重为 5.24% 左右；从 1977 年到 2001 年，美国核心版权产业的产值平均每年增长 7.01%。③

① 陈宝森.当代美国经济 [M].北京：社会科学文献出版社，2011：155-156.
② 美国展览业研究中心（CEIR）网站，http://www.ceir.org/.
③ 孙有中.美国文化产业 [M].北京：外语教学与研究出版社，2007：235.

2. 广告业资本

在各种企业服务中广告业占有较高的地位，因为广告在商品流通和销售过程中起着重要的宣传和推广作用，它是向消费者提供新产品情况的最佳宣传工具，有助于消费者了解商品的质量，特别是新产品的新情况、新特点，所以有效地使用广告能降低商业部门产品的销售成本，替商品开辟广阔的销售市场，同时也能加速商品流通过程。美国 1950 年广告费的支出为 57 亿美元，1970 年就增长至 195.5 亿美元，比 1950 年增长了 3 倍多。而到 1977 年广告费则增至 381 亿美元。但这近 30 年的历程中，广告业的支出占国民生产总值的比重一直在 2% 左右。[①]

3. 租借和租赁资本

租借和租赁资本提供非常宽泛的服务内容，有的是有形商品，有的是无形商品。将出租这些商品的部门进行归类，大致可以分为两类：一是提供消费品租赁或租借的这些部门的一定的店铺，保持一定的出租品库存，出租时间不长。二是提供经营性生产要素的部门，它们一般没有店铺，也不保有库存，但提供时间较长的出租和出借。近年出租和出借资本增长也相对稳定，2000 年，租借和租赁的收入为 985 亿美元，2008 年则增长至 1252 亿美元，8 年间增长了 27.1%。从这个行业的子部门也可以看出，这一部门增长的速度是远超一般行业资本的。2000 年，机动车设备的出租和出借资本的年收入为 372 亿美元，2008 年则增长至 485 亿美元。2000 年消费品租赁资本收入 201 亿美元，到 2008 年增长至 243 亿美元。2000 年商业和工业机械设备租赁资本收入 375 亿美元，至 2008 年则增长到 486 亿美元。[②]

4. 个人服务业资本

经济增长一方面依赖于科学和技术的进步，但更重要的是生产中劳动力价值的增加，即劳动者素质的提升。在科学技术使人成为生产中绝对占优势的生产要素时，其稀缺性超出物质生产要素，劳动力就资本化了，出现了人力资本。个人的消费支出不再单纯是劳动力的生产和再生产，其价值不是维持劳动力的生产和再生产所必需的生活资料的价值，而劳动者的消费中有很

---

① 褚葆一. 当代美国经济 [M]. 北京：中国财政经济出版社，1981：147.
② 陈宝森. 当代美国经济 [M]. 北京：社会科学文献出版社，2011：161.

大比重是为了提升劳动力价值，将劳动力转化为资本。劳动者除了消费生活资料生产劳动能力，还通过一系列其他消费活动将劳动力资本化，如接受高等教育、技能培训、医疗保障、旅游、娱乐等。所以 20 世纪 40 年代后个人消费增长，个人服务业发展起来了。个人消费支出中用于支付服务的部分，从 20 世纪 30 年代以来，一直保持着较大的增长幅度，其增长速度超过个人消费支出中用于购买货物的增长幅度。美国 1930 年个人消费支出中用于服务的部分为 287 亿美元，1950 年为 629.9 亿美元，占个人消费总额的 32.8%，1970 年为 2691.2 亿美元，占个人消费总额的 43.5%，1984 年为 11667.5 亿美元，占个人消费总额的 49.8%。[①] 从 1982 年起，个人消费总支出中，用于服务的绝对量，第一次超过了用于购买货物的消费支出。这实际上是整个国民经济中货物生产和服务生产比重相对变化的客观反映。个人消费支出中用于支付服务的部分，虽然其绝对额一直保持相当的增长，且速度超过货物消费支出，但在 80 年代以前用于服务的那部分开支，在整个国民生产总值中所占的比例，基本上不到 30%，1986 年则上升到 34.2%。这意味着用于服务的那部分开支，基本上是与国民生产总值同步发展的，在相对量上，这部分比例较为稳定，但绝对量已大幅增加。

随着经济的发展，居民实际收入的提高，对于娱乐业的需求也在稳步增长。1933 年，娱乐业的年收入只有 5.2 亿美元，1971 年娱乐业的年收入已达 218.2 亿美元，1985 年增至 311 亿美元，[②]20 世纪 70 年代末 80 年代初，美国的娱乐业有较快的发展，原因之一是这段时间里，美国居民的实际收入有了较大的提高，与此同时，度假消遣成为风尚。

旅游业也是新兴的资本形态。美国每年的旅游收入可达 1000 亿美元左右，约占国民生产总值的 6%，但其中多为国内旅游，国际旅游每年的收入为 50亿～60 亿美元。旅游业投资少，见效快，营利高，它的发展不仅增加了外汇收入，而且也推动了交通、通信、饮食及娱乐等行业的发展。

（四）经营方式多样产生新资本形态

货币资本独立后产生的金融业，在 20 世纪 40 年代后，其主要业务内容不

---

① 章嘉琳 . 变化中的美国经济 [M]. 上海：学林出版社，1987：46.

② 褚保一，杨思正 . 当代美国经济新编 [M]. 北京：中国财政经济出版社，1989：221.

再是单纯为产业资本筹措资金，满足个人、政府对货币的需求已成为金融机构的重要业务，并且这部分业务的利润成为金融机构总利润的重要组成部分。

1. 在银行长期信贷的业务中，租赁业务是一项较新的业务

20 世纪 60 年代初，美国准许私人财产的出租，包括在银行业务中，因此许多银行开始从事有关财产租赁的资金安排。70 年代银行租赁业务进一步发展，1971 年联邦储备委员会准许银行持股公司设立附属机构，经营财产和设备的租赁。在租赁业务中，出租部门按照租赁部门的要求购置供租赁的财产和设备，租赁部门维修、支付财产税和保险费。供租赁的财产范围很广，大型的设备有民用飞机、大邮轮、核发电站的反应堆设备、铁路车辆、建筑设备等，小型的设备如办公设备、家具、汽车、工具等。银行的租赁业务是一项获利较高的业务，银行出租财产的收益包括基本租金、财产加速折旧而获得的收益、投资税收优惠、财产的余值等。租赁部门利用租赁方式比用传统贷款购置设备的方式成本低，比较灵活，租金支出可扣除所得税，能使企业腾出资金用于更有利的投资。出租部门享有加速折旧和税收优惠，而这些好处如果按传统借款方式进行投资将归使用设备部门获得，因此这些好处出租部门往往以降低租金的方式转移一部分收益给租赁部门。由于租赁方式更新固定资产、大型设备更为方便灵活，因此便迅速成为重要的资本投资市场。

2. 20 世纪 40 年代后用于消费的个人信贷急剧增加

1970—1976 年美国公私债务从 18820 亿美元增加到了 33550 亿美元，其中，私债增长了 80.4%，而私债部分中个人债务增长了 84.5%，从 1970 年的 6000 亿美元增加到了 11070 亿美元。[1]1977 年以后个人债务依然保持激增的趋势。在个人债务构成中，以消费信贷的房产信贷为主。美国的耐用消费品大部分是按照分期付款条件来支付的，消费信贷到 1978 年底已超过 3000 亿美元，其中 4/5 以上是分期付款信贷。1960—1978 年分期付款信贷增长了 5 倍。房产抵押债务的膨胀也是十分迅速的，1960—1978 年增长了 4 倍多。[2]信用卡的使用对个人债务的膨胀也起了推动作用。信用卡在 20 世纪 60 年代后期出现，到了 70 年代被广泛地应用。各种大小商品以及各种娱乐、旅游、就餐等消费

① 褚葆一.当代美国经济 [M].北京：中国财政经济出版社，1981：273.
② 褚葆一.当代美国经济 [M].北京：中国财政经济出版社，1981：274.

都可以用信用卡来支付，只要能够负担高额的利率，债务可以长期拖欠下去。1977 年通过信用卡支付的金额达到 300 亿美元。①

3. 商业资本在流通中的变化

在马克思的《资本论》中商品资本独立出来形成产业层面上的资本形态就是商业，在商品向货币资本转化的过程中涉及了运输业。所以马克思对商品资本流通中的形态主要考察了商业和运输业。20 世纪 40 年代后，特别是 70 年代后，新技术革命深入至商业，使商业资本竞争加剧，商业在生产经营方式上发生了引人注目的变革，出现了大型化、信息化、自动化的经营特点，促使美国商业经营形式产生巨大变化，出现了超级市场，这些变化被称为"流通革命"。在这场革命的过程中，50 年代初大量增加了超级市场，60 年代按低价出售的连锁商店增加了，同时商业经营中自动售货的规模扩大了，70 年代以后，商业经营信息化了，电子计算技术等技术应用于流通中的许多环节。

（1）超级市场等大型商业机构出现

超级市场，即大型自选市场，被人们称为零售业的第二次革命，其主要特点是以大众化的价格吸引中等收入的消费者。由于超级市场比同等规模的普通百货商店节省 2/3 的营业员和大笔流通费用，因此，它的商品价格比后者要便宜 5% ～ 10%，这反过来又促使超级市场以更快的速度发展。为了方便顾客，超级市场的选址倾向于居民点中心，设立足够宽敞的停车场，经营手段采用了电子结账扫描仪，这些机器能自动辨认标志商品的条形码，不再需要人工结账，也无须耗用人工对剩余商品进行盘点，超级市场的利润取决于销售额的高低，超级市场主要经营各种食品，近年来由于包装技术的发展，易于储藏，顾客一次可以买到所需要的日常消费品，使大规模销售成为可能，又由于现代化商品规格划一，大量进货可降低成本，以上种种因素都进一步降低了超级市场的经营成本。

联号商店是零售商店的主要组织形式，也是中小商店组织起来对抗大商店的组织形式。起初，有两个以上经营相同业务的分店即定义为联号商店，而现在典型的联号商店是指至少有一家总店控制下的 10 家以上经营相同业务的分店。大型联号商店以经营非耐用品为重点，其分店遍及全国各地，也常在世界各大城市开设分店，而且往往包括产销的商工综合体组织。根据联号商店的不

---

① 褚葆一. 当代美国经济 [M]. 北京：中国财政经济出版社，1981：276.

同组织形式，大体上可以分为以下几种：正规联号商店、自由联号商店、特许联号商店和专业联号商店。

（2）商业资本经营形式上的大型化、自动化、信息化

20世纪40年代后，大型百货商店和超级市场迅速兴起，商业经营规模也就越来越大型化，从商品销售额看，大型商业企业是不断增长的，甚至增长迅速，而小型商业企业却逐步下降，也可以说下降迅速。1948年美国超级市场经营的商品品种为5000种食品和1000种工业品，1968年增加为7000种食品和10000种工业品。到1970年，一个超级市场每周的商品流通额达到56000美元，营业面积平均达到1972平方米。在零售商业中，大商店的地位提升并巩固，这种商店后来又发展建立"统一规格"的联号大商店。其特点是统一的设计、装饰，采用明码标价等现代经营手段，在经营方式上实行自我服务，销售大众所需要的商品，价格低廉，在低价的基础上定期还进行削价活动，采取广告等措施实行机动、灵活的推销方法，经营品种更新速度快等。

美国商业销售技术的自动化，经历了"三次革命"。第一次是四C大企业（即cafe，cake，candy，cigarette）的销售接近自动化，第二次是食品供应的完全自动化，并为饭馆和其他公共饮食业广泛采用自动化设备提供了可能性，第三次是扩大20世纪70年代前后出现的自动售货机的使用范围，它在扩大销售额的同时又节约了劳动力。现在，自动售货机所出售的商品范围又有了扩大，可以出售杂志、书籍、文具以及其他一些生活日用品等。随着电子计算机的应用不断普及，许多电子技术在商业中应用，将进货、销货连成一体，增加劳动效率。电子货架监视系统、中心计算机存货控制和进货系统的应用，将所有商业网点连成一体，各店的计价、售货、结账、调整库存、补充货物、发出订货指令等工作可以连续自动完成。甚至在商业中使用机器人，使仓库、运输系统自动化，取代旧的商业运输、仓储形式，可以进一步提高商业技术资产装备程度，使商业劳动生产率有所提高。

90年代以来，美国商业利用电子商务，出现网络商店，最有名的互联网购物中心最初只有34家，1996年发展到2万多家，每天新增100多家。调查显示，1997年在9870万户美国家庭中，已经有1000万人次通过互联网购物，这种销售方式有明显的优势：消费者无论白天黑夜都能通过电脑购物，这样就

可以使顾客享受送货上门带来的方便。① 这种销售方式目前的服务范围之广和货物选择余地之大是前所未有的,从食品、花卉到电脑、家具,应有尽有。

4.交通运输业中航空运输资本形态、管道运输资本形态兴起

美国航空运输在世界位列前茅,但其在20世纪70年代前,一直由政府管制,到1975年才放松管制,降低费用,放宽消费的选择,提高效率。即使在管制的40年中航空旅行的增长也是非常快的。在1926年乘飞机的国内旅客只有6000人,而到了1950年,旅客人数就达到了56351人,到1990年旅客人数增长到423565人,2005年则增长到670360人。在美国,航空业经营集中、规模大、成本低,更为重要的是飞行效率高,对于那些有商务旅行需求的客人来说,这种出行方式需求弹性小。另外,航空业发展的一个重要的原因是航空货运的需求增加。1950年航空货物周转量只有41494万吨公里,到1970年有522996万吨公里,到1981年有1016873万吨公里,② 航空运输仍然以它高效率的优点,迅速崛起。

(五)资本形态相互融合产生物流业

在商品资本向货币资本转化过程中的资本形态,马克思在《资本论》中只谈到过一种资本,即运输资本,但在20世纪40年代后,商品资本形态向下一环节转化时,过程不只是经过运输,环节更复杂,并且社会化程度高,形成当代物流业。

20世纪60—70年代,美国现代市场营销逐步形成,在这一营销体系中为顾客服务是企业经营管理的核心理念,不仅提供的商品满足顾客的要求,还要及时、迅速地送达。因此运输成为为顾客服务的一个重要环节,配送在提供运输服务上起了重要的作用。70—80年代,物流管理的内容已由企业内部延伸到企业外部,有60%左右的公司认为运输不能成为它们的一个经营环节,而利用外部物流不仅可以减少物流设施的投资,而且也取消了仓库与车队等要进行运输而占用的资金,节约的资本可以用在更有效率的地方。物流企业还将自动化、机械化等先进技术广泛应用于仓储、包装、配送等物流活动中,随着科学

① 陈宝森.当代美国经济[M].北京:社会科学文献出版社,2011:167-168.
② 《国际经济和社会统计资料》编辑组.国际经济和社会统计资料[M].北京:中国财政经济出版社,1985:268.

技术的发展，计算机的运用与无线通信、卫星传输方式的结合，使现代物流产业服务脱胎换骨，在服务方面更上一层楼。20世纪90年代以来，电子商务的应用更是使现代物流业上升到了前所未有的地位。统计资料表明，1999年美国物流利用电子商务的营业额达到了80亿美元以上。①

（六）社会服务资本产生

现代市场经济不只是微观运行的经济，早在20世纪30年代就形成国家、企业（个人）和市场三位一体的新的经济运行机制。这一经济运行机制最大的特点是将"看得见的手"和"看不见的手"相结合，在宏观经济运行中，政府发挥着不可替代的作用，调整产业结构使经济部门比例协调，调整国内市场的总供给和总需求保持总量平衡，促进就业等。同时，调节经济的主体不仅是政府和市场，而且还有社会中间组织。市场运行的结果使社会资源在时间、空间分布上不同，市场主体在资源的支配上有着显著、客观的差异，从而使其经济行为受到不同程度的制约。但在资源的配置中不得不保持应有的比例关系，否则就会使经济运行有可能受到阻碍，所以政府就必须发挥其宏观职能，加入经济运行中，产生了社会服务资本。另外，在科技浪潮的推动下，更多的资源卷入生产领域，如劳动力资本化后产生人力资本，生产更为复杂，政府要在更大范围中发挥作用，调节经济运行。

医疗保健业是一项社会服务业，其增长速度也较快。在美国，大致每十年在国民生产总值中的比重增加1%，1950年医疗保健费用是120亿美元，占国民生产总值的4.5%，1960年为259亿美元，占国民生产总值的5.2%，到1970年则为692亿美元，占国民生产总值的7.2%。②美国的医疗保健业物质基础不断再扩大，医院的资产增长较快，1950年为77.9亿美元，到1977年增长到722.9亿美元。美国的医疗保健业有三种形式，营利性的私人开设的医院占15%以上，非营利性的私人开设的医院占60%，剩下的约20%是国家机关管理的医院。

通过生产资本形态、货币资本和商品资本的形态变化分析，可以看出三种资本形态在流通各环节的社会化过程中产生了各种新的资本形态，为生产服务的会计法律服务、房产、租赁及其他营业服务活动及金融业服务，为流通服务

---

① 李琪.物联网产业[M].北京：中国铁道出版社，2012：190.

② 褚葆一.当代美国经济[M].北京：中国财政经济出版社，1981：149-150.

的运输、仓储业，并丰富了运输业的内涵，产生了物流业，流通中的广告、设计的重要性也越来越突出，20 世纪 40 年代后个人服务和社会服务也得到了发展。这些丰富了经济活动中的行业内容。

三、20 世纪 40 年代后资本形态变化特点

（一）产业资本的增长

美国的产业资本在 20 世纪 40 年代后继续增长，工业品产量大幅度增长。到 1971 年美国主要的工业部门如钢铁、石油、电力、天然气、铜、硫等的产量都位居世界第一位。钢铁业是美国工业部门中的主导产业，1945 年钢生产能力达到 8665 万吨，钢产量达到 7230 万吨，到 1955 年钢生产能力达到 11415 万吨，钢产量达到 10617 万吨。[①] 自 1955 年后钢产量下降，这主要是由于美国在 20 世纪 40 年代后固定资本投资大增，同时汽车行业、住宅业都有一个较快的发展，对钢铁的需求量相应持续增长。但从生产能力和产量这两个数字的比对还是可以看出，美国钢铁生产能力虽然很强，但一直没有达到生产最高水平，存在开工不足的现象，这也预示着工业部门的龙头老大总有没落的一天。汽车行业在 20 世纪 40 年代后飞速发展，并且持续时间较长，1965 年汽车产量达到 11057 千辆。[②] 此后到 20 世纪 70 年代末，汽车产量一直维持在这一水平上下。80 年代后，由于利用新技术，汽车行业又再次增长。石油、天然气既是动力原料，也是化工原料，这一行业在 20 世纪 40 年代后得到发展。美国的石油和天然气生产，自 20 世纪 60 年代以来，产量一直占动力总量的 70% 左右。截至 1971 年 6 月，美国采油和天然气工人为 26.4 万人，炼油工人为 19.4 万人。1970 年石油和天然气的生产净值为 31.4 亿美元，炼油的生产净值为 63.6 亿美元。[③] 此外，建筑业、电力、机械工业、航天工业等传统产业资本都在 20 世纪 40 年代后一段时间得到了增长。

---

① 战后美国经济编写组 .20 世纪 40 年代后美国经济 [M]. 上海：上海人民出版社，1974：28.
② 战后美国经济编写组 .20 世纪 40 年代后美国经济 [M]. 上海：上海人民出版社，1974：32.
③ 战后美国经济编写组 .20 世纪 40 年代后美国经济 [M]. 上海：上海人民出版社，1974：39.

20 世纪 40 年代后美国农业生产中投资大幅度增长，资本和技术密集程度以前所未有的速度提高，农业劳动生产率也随之出现了飞跃提升。1939—1945 年美国农业种植业单位小时产出的年增长率为 5.5%，1945—1950 年则增至 6.1%。1955—1960 年达到 20 世纪 40 年代后最高水平 8.1%。而畜牧业单位小时产出的年平均增长率在 1945—1950 年达 3.6%，1960—1965 年达到 7.0%，直到 80 年代后增长速度才下降。[①]

（二）新资本形态多以非物质形式存在

20 世纪 40 年代后在新兴资本组成的现代服务业中，增长最快的是房地产业、租赁与商务服务，美国从 1979 年的 22.3% 上升到了 2000 年的 28.6%，上升了 6.3%；其次是金融保险业，美国从 1979 年的 8.3% 上升到了 2004 年的 11.5%，上升了 3.2%；以教育、医疗卫生为主的社会服务业也有显著提高，美国从 1979 年的 11.9% 上升到了 2004 年的 16.7%，上升了 4.8%，[②] 而这些资本都是非物质形态的。

金融保险业的发展很大程度上依赖虚拟资本。当商品交换的种类和数量越来越多，市场交易的空间延展范围增大，交易的时间反而缩短的时候，虚拟货币形态由于方便和快捷等优点，迅速被使用。金融业利用科学技术和信用制度，使虚拟资本产生，现有的虚拟资本主要有四种：信用化和资本化的货币、股票和债券等有价证券、资产证券化及各种金融衍生品。在发达国家，随着 20 世纪 80 年代全面高涨的金融创新，出现了许多新的金融工具，它们使得金融资产增长迅速。至今，所有发达国家的金融资产总值都超过了这些国家的国内生产总值。美国在 1980 年金融资产总值与 GDP 的比率只有 135.2%，到 1985 年增加到 205%。在 1985 年到 1990 年的 5 年间，金融资产总值从 103341 亿美元增长到 151692 亿美元，增长了 51.6%。从 1990 年到 1995 年的 5 年中，金融资产总值增长到 215196 亿美元，增长了 41.9%。到 1996 年金融资产总值与 GDP 的比率已经达到 377.7%。[③]

资本主义生产的爆炸式增长，也改变了人们的消费需求，在需求产品上非

①　章嘉琳．变化中的美国经济 [M].上海：学林出版社，1987：95.

②　魏作磊．美、欧、日服务业内部结构的演变及对中国的启示 [J].国际经贸探索，2010（1）：32.

③　刘骏民．从虚拟资本到虚拟经济 [M].济南：山东人民出版社，1998：277-278.

物质需求的增长超过了物质的需求。近年来，全球教育服务业保持稳定增长态势。教育服务业产值由2000年的820亿美元上升至2007年的1425亿美元，年均增长率近8%，随着经济全球化过程进一步深入，教育服务已成为新型的出口产品，在国家经济中的战略地位不断提高。2007年，世贸组织成员国之间的教育服务贸易额已达1000亿美元，所占服务贸易总额比重达3%。以美国为例，早在1970年，教育服务业就已成为全美第四大服务业，仅次于旅游、运输、金融等传统服务业。[①] 在国际金融危机下，全球医疗服务市场规模却增速较快。2008年，全球医疗服务业产值已达56400亿美元，约占全球GDP比重的10.0%。然而，受国际金融危机冲击，2009年全球医疗服务业产值有所萎缩，仅为54600亿美元，较2008年下降3个百分点。[②]20世纪90年代以来，文化服务业已成为全球发展最快的产业之一。据UNCTAD（联合国贸易发展会议）统计，全球文化创意产业贸易总额从2002年的6528亿美元增长至2008年的13106亿美元，年均增长率近15%。[③] 文化服务业的全球兴起已演变为一个基本事实和发展趋势。即使在2008年全球金融危机爆发、宏观经济环境恶化的情况下，文化服务业也未受到较大冲击，呈现出逆势上扬、反经济周期发展的特点。

（三）生产性服务资本形态比重上升

新兴服务资本作为基本经济活动的一部分，通过提高劳动生产率，促进生产的发展。金融服务业能够提高储蓄和资本积累，可以为生产发展提供充足的资本积累。金融市场可以通过直接融资形式或间接融资形式，借助银行等信用中介动员可用的储蓄，并扩大贷款规模，满足生产中对资本量的需要，提高资本集聚的效率，使资本积累在大规模的状态下完成，也提高了利润率，促进生产发展。同时，金融服务业对资本的大规模筹集和借贷，满足了企业的规模化发展要求，使资本使用成本更低、周期更短。如果没有金融服务业的支持，企

---

① 杨丹辉，王子先.服务外包与社会服务业开放式发展战略[M].北京：经济管理出版社，2014：72.

② 杨丹辉，王子先.服务外包与社会服务业开放式发展战略[M].北京：经济管理出版社，2014：73.

③ 杨丹辉，王子先.服务外包与社会服务业开放式发展战略[M].北京：经济管理出版社，2014：74-75.

业的快速成长和规模扩张是不可能实现的。金融服务业促进了技术和资本的结合，由于新技术的研发和使用带来高风险，投资者对新技术的态度谨慎。而借助多样的金融服务体系与金融工具，组合资产以降低或分散投资风险，使得先进技术生产投资能够实现。商务服务业包括法律、信息咨询、商旅、营销、公关、广告、特许经营、教育培训、金融保险理财、会计、计算机软件与信息处理、人力资源、研发与技术服务等行业资本形态。商务服务业为企业提供相关专业化服务及解决方案，迅速提高企业的劳动生产率、降低企业自我服务的成本，在无形资产中价值增长快，提升企业或产品的品牌价值和综合市场竞争力，这些服务对产业整体竞争力的提升也有重要作用。会展业和信息业作为商品和信息交流的平台除了可以推动贸易发展外，还能够汇聚巨大的信息流、商品流、技术流和人才流，为企业在产品生产、新技术利用及市场营销等方面获取一定的优势，具体说就是企业通过参加或举办会展发布和传播信息，推广新技术、新观念、新产品，打造一定的品牌形象从而带来可观的经济效益。现代物流业分工越来越细，并且物流业和市场以及商品流通相互融合，物流企业能够提供专业化的解决方案和运作模式，满足了制造企业对第三方物流提出的降低成本的服务需求。另一方面，物流业把社会物流与企业物流有机地结合在一起，经过包装、仓储、运输、装卸、配送到达顾客手中，连接了产品从生产到消费的整个流通过程，已经成为一个跨区域、跨部门、跨行业的社会系统，可以利用自身资源减少流通环节，节约流通费用，实现科学的物流管理。提高流通的效率和效益，达到企业效益最大化的要求。这些生产性服务资本形态在GDP中的比重不断上升，1970年生产性服务业占GDP的比重，英国为17%，加拿大为14%，法国不足16%，而到2006年，英国则上升到33.1%，美国上升到24.7%，加拿大上升到29.4%。[1] 生产性服务业资本形态不仅在全社会中的比重上升，在服务业自身中的比重也在不断上升。从OECD国家生产性服务业占服务业增加值的比重变化可以得出这一结论，在1970年大约为31.54%，而到2005年则上升到38.85%。[2]

---

[1] 中华人民共和国国家统计局.国际统计年鉴2009[M].北京：中国出版社，2009：134.

[2] 邓于君.服务业结构演进：内在机理与实证分析[M].北京：科学出版社，2010：65.

（四）流通服务业的比重处于下降趋势

流通服务业早在人类社会的第三次大分工时就独立出来，成为商品流通中的职能部门，这一部门连接着生产和消费，是实现由商品资本向货币资本转变的关键环节。在商品经济的早期，流通服务业资本形态是由商品资本独立出来形成的，在资本流通中执行商品资本的职能，实现剩余价值，在剩余价值生产中处于附属地位。虽然在特定时期，流通服务业的地位得到了提升，甚至起到了经济先导的作用，但这一时期是在商品经济早期，如英国在1801年服务业占GDP的比重达44%，而仅流通业就占GDP的17%，到1847年就增长到了19%，近乎占服务业贡献的一半。同样美国也有这一趋势，1929年流通服务业占服务业增加值的比重达到45.8%。[①] 这种现象在20世纪40年代后，即后工业化时期发生逆转，出现逐步下降的趋势。随着发达国家市场化程度的提高，20世纪40年代后流通服务业的发展速度趋缓，同时新兴服务业迅速发展，在全社会中的比重甚至服务业内部的比重都大幅度提升，这样就导致流通服务业无论在GDP还是在服务业自身中的占比都下降了。另外，随着经济发展的软化，社会产品中服务产品的比重增加，实物产品的比重下降，流通所周转的实物商品减少，这在一定程度上也制约了流通服务业的增长。科学技术的发展，使网络和电子商务的发展迅速，减少了流通环节，也使流通服务业创造的价值减少。

国际社会普遍承认发达国家后工业社会开始于20世纪70年代初之后这数十年的历史时期。后工业社会，我们也可以说70年代以后的资本主义是工业化的最高阶段，因而在这个阶段催生的服务业是后工业社会一切服务业的母体。反过来说，在后工业社会发展起来的服务业的各种形式、业态是昨天的工业化高级阶段的业态发展、发育裂变出来的。所以它们发展的规律性、发展的机制、运动轨迹等方面在本质上具有同一性。把握后工业社会的服务业资本的特点，从理论研究的延续性、学术性的角度看，是有科学意义的，从实践上看同性质的事物在不同阶段呈现不同的特点，而就哲学和历史学的意义来说，成熟了的事物总比处于发育阶段的事物在质量的规定上更具有完善性和成熟性，所以更值得学习和借鉴。

---

① 陈凯.服务业内部结构高级化研究[M].北京：经济科学出版社，2008：71.

　　由于后工业社会的服务业资本紧紧地与以计算机为基础的信息科学、数字网络等技术相联系及其井喷式发展的数量和速度，致使服务业在 70 年代后，形成独立于工业和农业等产业资本之外的一个重要的资本形态，这阶段服务业抵消和降低工业和农业在国民经济中的作用，并使发达国家在 20 世纪 50 年代和 70 年代发生了产业转移，将第一、二产业转移到不发达国家，国内经济活动以服务业为主。服务业代表着一个产业的重量级别，这是后工业社会所呈现的革命性、水平性特点。这样的资本形态已成为当今西方发达国家国民经济的主体产业，这在资本主义经济发展的历史上，甚至是在人类社会发展的历史上都已成为规律。这种产业结构成为后发发展中国家纷纷追求的，这是后工业社会服务业所具有的超凡魅力。

第三章　20 世纪 40 年代后资本形态变化的原因分析

一、资本本性是20世纪40年代后资本流通形态变化的根本原因

生产资本、货币资本、商品资本于流通中在行业层面产生出了许多具体形态，丰富多彩，而马克思的资本形态和资本流通理论从根本上解释了20世纪40年代后资本形态变化及服务业的兴起。

（一）资本运动过程中产生新的资本形态

第一，生产时间是生产资本留存生产领域里的时间，包括劳动时间和非劳动时间。劳动时间是创造价值的，而非劳动时间是不创造价值的。

首先，在储备期间的原料和辅助材料，是使生产过程不中断的一个条件，是潜在的资本。它们暂时闲置着，没有参加生产，既起着产品形成要素的作用，也起着价值形成要素的作用，它们虽然停留在生产领域，但并不转移价值，只是生产过程的必要准备。同时，由于生产过程的停止，生产资本不再生产，没有劳动力的消费，所以就没有价值增殖。另外，在劳动过程中断、劳动对象发生自然作用的时间内，劳动对象被安置在某些条件下，经过一段时间，劳动对象产生某种有用的效果或改变它们的使用价值形式，但生产过程中断了，不会创造价值。总之，在非劳动时间内，无论哪一种情况下，生产资料都不吸收劳动，所以从价值创造角度看，节约非劳动时间就是必然。

其次，节约非劳动时间加速资本周转，产生新的资本形态。如果某一部门的生产需要自然作用的时间，那么这部分时间就会使资本周转时间延长，使预付的资本量增多。因为产品从制造到完成，是包括整个生产周期的，如果只完成了劳动周期，没有完成自然作用的周期，生产周期就没有结束，产品依然在形成过程中，不能作为商品出售。因此资本周转的时间不只是由劳动时间构成的那一段时间来决定的，而是由整个生产时间来决定的。如果自然作用的时间较长，资本周转的时间就会较长，需要预付的资本量就会较多；反之，如果自然作用的时间较短，或者没有，那么资本周转的时间就会短，需要的资本量就少。

对于生产资料，由于流动资本更新有一定的困难或距离市场较远，因而必

须对某些生产资料进行储备，这些储备品的数量和储备时间，直接影响预付资本的量及资本周转速度。生产资料储备时间长，生产时间就长，资本周转的时间也长，预付资本量也大；生产资料储备时间短，生产时间就短，资本周转时间也就短，预付资本量也小。

第二，节约非劳动时间的方法产生新资本形态。对于自然作用的非劳动时间，马克思主要对农业非劳动时间的缩短方法进行了介绍，主要是改变农业生产技术，改变农产品的构成。例如，实行多种作物的生产，或采用间作制，由于有的作物生长期长，有的生长期较短，因而同一时间有的收获，有的生长，有的种植，这样一方面在一年中工人和生产资料的分配比较均匀，另一方面资本周转也能加快。

在非劳动时间的节约中重要的是储备时间的节约。因为储备是生产的必要条件，加快资本周转必须缩短储备时间。储备时间和流通时间是相连的，如果市场供给很多，运输时间短，那么储备时间就短，甚至可以无储备时间，实际中需要既节约储备时间，也节约预付资本量。这样缩短储备时间，首先要缩短运输时间，这要求运输业提高效率。20世纪40年代后运输业发展迅速，目前有五种运输方式，即水路运输、铁路运输、管道运输、航空运输和公路运输，运输速度快，时间短，效率高。而无储备时间，不仅对运输要求高，对仓储业也有一定影响，美国沃尔玛公司就是无库存销售，这一方式也得益于美国仓储业的发展。在信息化条件下，储备环节也开始脱离企业，向企业外发展，成为物流业的一个环节。

第三，节约劳动时间加速资本周转，产生新的资本形态。劳动时间的差别在资本支出一样多的时候，必定导致周转速度的差别，从而导致既定资本预付时间的差别。假如，在其他条件相同的情况下，生产棉纱需要经过一周完成，资本就一周完成一次资本周转，因而可以把周转一次收回的资本投入下周生产。而生产拖拉机的资本，三个月完成生产，这样就只能在三个月收回资本后，才能投入下次生产。这样劳动时间不同，导致资本的预付时间不同，前者只要一周，而后者则要三个月，后者预付资本量是前者的几倍。

考察劳动时间的长短影响资本周转速度和预付资本总量，就必须将资本分为固定资本和流动资本。从固定资本方面看，固定资本周转的时间是由其本身的寿命决定的。不管其折旧率如何，只要它留在生产过程中，经过一定时间才能收回其价值，到其寿命结束时，固定资本完成一次周转。所以，劳动时间长短不影响固定资本周转时间，也不会影响固定资本的预付量。而流动资本却不是这样的。流动资本由劳动力和劳动对象构成，在劳动过程中，不仅耗费了劳动力，需要支付工资，还耗费了劳动对象，要不断支付劳动对象的费用。如果劳动时间长，商品未生产出来，不能作为商品出售，劳动力价值和劳动对象价值存在于未完成的产品中，就必须追加资本，以进行生产。由此可见，劳动时间长，流动资本周转速度就慢，总资本周转速度也慢，预付资本量也大。

缩短劳动时间，加速资本周转可以采用协作、分工、使用机器等提高劳动生产率的方法。但这里缩短劳动时间和预付大量资本联系在一起，因为使用先进的机械技术，不仅可以节约大量的社会劳动，还可以提高劳动生产率，缩短劳动时间。但要使用先进的机械和技术，就必须先购买它，这样就会增加购买机器和技术的资本。如果不使用先进的机械和技术，可以采用简单的分工、协作，在同一时间的许多地点，运用大批的工人同时施工，也会缩短劳动时间，但也要新增固定资本和劳动对象资本的投入。所以，缩短劳动时间，必然要增加预付资本的量。而这一矛盾的解决，就是生产环节从直接生产过程中分离出去，成为一个独立的资本，而不再是生产资本的组成部分。这样既能节约劳动时间，也能减少预付资本。这一部分生产资本独立为单个资本，只从事某一个生产环节的生产，提高熟练度，改进技术，劳动生产率上升，这一生产的劳动时间就会缩短。而原有资本购买这一环节的产品或服务，不必自己生产，节约了劳动时间，也能使自己有更多的时间专注于剩余的生产环节，进一步节约了劳动时间。同时，独立出来的资本进行生产必须要自己先进行资本预付，原来的资本不再预付这一部分资本，预付资本量减少。

20世纪40年代后，生产资本在节约劳动时间的追求中，不断将生产中的某些环节分离出来，产生新的资本形态，独立进行生产，缩短劳动时间，减少预付资本。农业生产资本将备耕、播种、施肥、洒药、收获、储运等生产作业交由耕翻土地公司、播种公司、中耕公司、施肥公司、植保公司、收获公司、仓储公司、运输公司等专业服务公司进行，产生了农业服务资本。工业资本也将自己生产中的某些零部件、生产工艺等环节分离出来，在美国和日本，尤其是在机械电子制造业中，除了设计的组装，产品中几乎所有的零部件和生产工艺加工过程都在国外进行。减少预付资本的要求产生了租赁业，大规模农场和工业生产要投入使用的机械种类增多、专业技术性强，资本所有者没有能力也没有必要购置全部机械设备，于是便出现了大批机械设备租赁公司以及直接提供各种修理服务的专业公司。此外，由于购置机械设备的资金量大，银行也开始提供租赁业务，这也使金融业进一步深入生产领域，货币资本和生产资本结合。大规模的农业和工业生产，组织形式复杂、生产环节多，因此管理必须科学才能节约劳动时间，减少预付资本，于是管理、法律、财务等咨询服务资本产生。新产品的研发设计需要非常长的时间，并且研发失败率高，但它又是竞争中取胜的关键，所以，生产资本为了节约劳动时间，减少预付资本，这一环节也独立出来，成为科学研究资本。

（二）加速资本周转产生新的资本形态

流通时间是商品停留在流通领域中的时间，包括购买时间和出售时间。

决定购买时间长短的因素有市场距离、运输方式和生产储备。市场距离的远近，即生产者的所在地和商品供应地之间的距离，如果距离较长，就要有更多的时间花费在运输上，增加购买时间，资本周转速度就慢；反之，则相反。同时，运输方式也决定着运输时间，进而决定着购买时间。生产储备，如果离市场较近，运输方便，从市场上获得原材料有可靠的保证，就不需要有较多的生产储备品，因此用于购买储备品的货币资本量就少，资本周转速度就快；反之，需要的储备品多，用于购买储备品的货币资本量就大，资本周转速度就慢。

出售时间有两种时间耗费，一个是商品运输至市场的时间，另一个是商品出售的时间。从商品运往市场的时间来看，首先，如果商品生产地离市场较远，这段时间就较长，因而出售时间也长，资本周转速度就慢。这段时间取决于运输时间，还取决于是否按订货生产。其次，交通运输条件的好坏，对出售时间的长短也有重大作用。交通运输工具越发达，商品运往市场的时间就越短，因而出售时间也短。所以马克思说，交通运输工具的改良，会绝对缩短商品的移动时间。从商品出售的时间看，商品的售卖有一个时间限度，是由商品的使用价值形态决定的。如果商品没有在一定时间内卖掉，就会变质。由于商品的性质不同，其使用价值发生变质的快慢程度也不同，这就使商品使用价值生产和消费之间的间隔时间长短不一。市场变动对商品出售及出售时间长短有着很大影响，这一点马克思并未论述。

从购买时间和出售时间的影响因素看，缩短流通时间、加快资本周转的最有效的方法，就是改造运输工具及发展运输业。20 世纪 40 年代后，由于各种运输方式渐趋发展成熟，美国已经形成了一个综合运输系统，它包括六种一般运输工具——飞机、汽车、火车、内陆船舶、远洋货轮和油管，三种主要支持设施——机场和地面导航、公路、内陆航道和港口。国内航空、载重汽车、火车、内陆船舶和油管构成国内商业运输业；国际航空和远洋货轮构成国外商业运输业。据估计，1985年美国的交通运输支出中，货运支出达2700亿美元，客运支出达4500亿美元，总共支出7470亿美元①，相当于国民生产总值的18.7%。美国全国的货运总吨英里中，铁路承担了其中大部分，1985年占37.2%，其次为机动车辆，占24.86%，水路占14.42%，管道占23.28%，而航空运输仅占0.26%。从客运来看，私人小汽车承担了最大量的客运，1985年占82%，航空运输占16%，公共汽车占1.43%，而火车仅占0.66%②。在交通运输发展的同时，由于商品售卖的时间受到自身使用价值的约束，在一定时间内没有卖掉，就有可能变质丧失使用价值，于是在售卖过程中经过特殊的包装、冷藏仓储等方法保存较长时间，并同运输、整理、仓储、包装、配送等联合在一起，成为高效的物流服务业，大大节约了流通时间。另外，在商品售卖过程中，为使消费者了解商品的质量，特别是新产品的新情况、新特点，广告就成为有效的手段，极大地缩短了售卖时间。美国广告业1950年总支出为57亿美元，而到1977年就增长了381亿美元。

（三）降低流通费用产生新的资本形态

流通费用是资本循环过程中所耗费的费用。它由纯粹流通费用、保管费用和运输费用组成。纯粹流通费用是非生产性的费用，是不创造价值的，是由剩余价值扣除的。保管费用和运输费用是生产性的，是创造价值的。

纯粹流通费用由买卖时间的费用、簿记的费用和货币的费用三部分组成，买卖时间的费用包括买卖时间发生的各种费用，如商业中使用的雇佣劳动的工资，各种商品的广告费、邮电费、办公费、出差费用等，这些费用只是使价值由商品形式转化为货币形式，而由货币形式转化为商品形式，即只是使价值形式发生了变化，价值本身并没有增加。这些费用实质就是实现剩余价值的必要支出，并在剩余价值中补偿。

降低买卖时间费用的要求，使商品资本的经营方式发生了变化。首先，商

---

① 出自1987年由美国商务部人口普查局负责整理发布的《美国统计摘要》。

② 同上。

品资本规模加大，表现就是大型商业组织形式的出现，如大型超市，一家大型超市经营上万种商品，并且实行自助式销售，节约了纯粹流通费用。而连锁商业资本的出现，实行商品的统一配送，销售产品、营销手段等都是统一的，其实质也是一种规模经济，降低了纯粹流通费用。其次，先进的技术应用是大幅度降低纯粹流通费用的有效手段。商场、超市中利用的电子计算机技术，使售货、计价、结账、补充货物、调整库存、发出订货指令等工作连续自动完成，也降低了纯粹流通费用，而无人售货机及电子商务的普及，更是将降低纯粹流通费用发挥到了极致。

簿记费用是记账、算账中耗费的物化劳动和活劳动，如纸张、账簿事务所费用，会计人员的工资等。簿记费用是非生产劳动，需要在剩余价值中扣除。簿记是作为对生产过程的控制和总结而存在的，生产过程越是社会化，对企业的经济活动进行核算和分析就越有必要。20世纪40年代后，无论是工业还是农业都向大规模发展，生产社会化程度更高，对大企业的生产和经营就要运用货币工具进行核算分析，加强对剩余价值的榨取，这时簿记工作专业而复杂，为降低簿记费用，这一工作内容独立出来，由专门的事务所进行，承担公司的会计、审计、税收等方面的业务，并培训财会人员。

资本在流通运动过程中产生的形态变化，是资本流通各环节独立形成的，是资本本性的内在要求所致，但这种独立需要一定的外部条件。首先是科学技术的发展，为资本流通中的环节独立创造条件。纵观人类经济发展史，任何时期的经济大发展都是在科学技术出现突破后产生的。在精密工程和金属切割技术出现后，对可互换零件进行改进，生产出了机器，第一次工业革命拉开序幕，科技发展了，科学技术促进了新产业——工业的产生发展。20世纪四五十年代诞生了第一代电子计算机，70年代计算机技术被引入生产领域，使机器向自动化方向发展，从而提高劳动效率，福特生产流水线的出现使标准化生产达到顶峰，并且计算机技术使生产环节中某些零部件或工艺的生产达到标准化后，这部分生产就可能独立出来。90年代后，信息技术成熟，生产过程信息化，进一步促进生产环节的独立。科学技术进步，又会产生新的产业。其次是生产的规模化。大规模生产时，企业内部的分工协作明显，生产环节增多，而生产环节多，反过来又会使生产规模扩大。这样对于企业来说，没有必要进行产品的各环节生产，只要进行核心环节的生产就可以了。如果全部生产，规模过大，管理无效率，反而将分工协作产生的效率抵消了。

二、科学技术革命是资本形态变化的直接原因

科学技术的新发展、新发现不断为生产提供内在、外在的动力，推动着生产效率的提高，也加速着资本在行业上的分化，甚至直接产生新的资本形态，推动社会分工，所以科学技术成为资本形态变化的直接动因。

（一）科学技术改变资本形态的生产方式

恩格斯曾指出，"科学是一种在历史上起推动作用的、革命的力量"[①]。科学通常是研究客观世界发展过程的某一阶段或某一种运动形式，是人们对自然界的事实和规律的认识的知识体系，并且这种认识是不断完善和发展着的。这种认识不是零星的、支离破碎的东西，而是一种需要不断地经实践检验并修正的知识体系。技术是一个内涵较广泛的概念。在现代，技术则主要是科学发展的结果，科学原理更多的是在生产实践的基础上产生并发展的方法和技能，或者说技术是人类为实现社会需要而创造的手段的总和。科学和技术有一定的区别，但在当代它们有着本质上的联系。从生产的角度来看，它们都是为生产服务的，它们都是生产力。特别是在现代，科学和技术结合得越来越密切，技术越来越离不开科学的指导，科学的发展也同样离不开技术的进步。所以，人们总是把科学和技术这两个词连在一起使用，它们之间的界限越来越难以区分，最后形成了一个辩证的统一体。

现代科学技术是一个知识高度密集的新兴认识和技术群，这一系统是不断改进和完善的发展着的动态系统。与传统科学技术相比，现代科学技术具有许多明显的特征。第一，现代科学技术以系统的形式出现，每一个技术领域都是由不同的科学技术组成的。如新能源由核能技术、太阳能技术等组成；信息技术由微电子技术、电子计算机技术、激光技术、光纤通信技术等组成。并且每一类新技术，还有不同的分支，如激光技术又被分为固体激光技术、气体激光技术和半导体激光技术等。第二，信息技术是科学技术的核心。人类认识世界

---

① 马克思，恩格斯. 马克思恩格斯选集（第 3 卷）[M]. 中共中央马克思恩格斯列宁斯大林著作编译局，译. 北京：人民出版社，1966：124.

和改造世界的过程，就是不断地从外界获得信息，并对信息进行加工和提取，在此基础上，依据所提取的信息，通过一定的物质和能量形式，对事物（也包括对自身）进行调整、控制和组织的过程。在人类认识和改造世界的过程中，信息处于支配的地位。第三，科学技术系统是一个动态的系统，现代科学技术是开放的、发展迅速的系统。从微观来看，每一种科学技术都有发明、发展和完善的过程。在这一过程中，有可能一直沿着某一方向发展下去，也有可能在中途出现新的发展方向。动态系统充满了各种活力。第四，科学技术以多种不同的形式发展着。科学技术的发展形式不是单一的，它是以多种形式和前所未有的速度，向深度和广度两个方向相互融合的。各种科学技术相互渗透，这种发展形式主要表现在两个方面：一是科学技术渗透到传统技术系统以后，使传统技术变为新技术。如生物技术与农业相结合，产生出了现代育种新技术，改变了传统的育种方式。二是科学技术在向其他领域相互渗透时，本身也会进行相应的改进，因此带动自己的发展。如以核能作为船舰和卫星的动力，地面上原有的核动力系统就会失效，这就促进了新的动力系统的发展。第五，各种新科学技术都是知识和技术高度密集型行业。这首先是因为它们的发现、发明和改进，都离不开现代科学的指导。它们都经历了从科学理论到科学实验，然后才到生产产品的过程。其次，所有科学技术产品都是大量知识和高技术的结晶。产品的设计和创造的全过程都离不开高深的知识与高技术，产品的生产需要集中大量有专门知识和专门技术的人才。最后，一种科学技术的应用和管理也需要高水平的科学技术知识。显而易见，复杂的计算控制系统、卫星系统、核能系统等，没有相应的科学技术知识是无法应用的，更谈不上如何管理。正因为新兴技术是知识和技术密集型的，所以只有在科学技术发达的国家和地区才有开发和利用的可能。

第一次工业革命是一场以机械化生产取代手工劳动的生产方式的变革。它的标志就是蒸汽机的发明和广泛运用，而煤炭是蒸汽机的主要能源，也是这个时代的主要能源。纺织机、蒸汽机、机床的生产促进了制造业的发展，同时蒸汽动力也促进了燃料及采矿业、机器制造业、钢铁冶炼业等相关行业的发展。第一次工业革命在制造业内部发展起来，迅速蔓延至其他行业，随着棉花进口的增长，运输用的铁制的火轮船和铁道发展起来，交通运输业也随之发展起来。各种工业的发展对资本的需求量增大导致金融业发展，银行业的规模扩大使业务多样化，促进新金融形式如证券业的产生及发展，相关金融法律制度也就逐渐建立起来。以交通运输业为基础的商业流通在市场范围上得到扩大，商品种类也更多。在此基础上，信息传递成为必要，电信业开始萌芽。因此，工业革命在一定程度上也是运输革命、通信革命、能源革命。第一次工业革命极大地提高了劳动生产力，促进了新的生产组织形式——工厂的出现。在工厂中劳动与资本分离。在这种情况下，机器不可能停工，因此工人被分成几个集体，按一定的时间规律出工。最初出资人、监督人与卖货人这三种职务都由工厂主来担任，随着工厂制度越变越复杂，工厂主或资本家也就不再参加管理活动。尤其是较大的商业企业，资本家只是一个投资者，他提供了经营资金，至于监督、办货、组织、指导及买卖等生产环节，都由雇员完成。虽然如此，资本家却还要求获取大部分的利润，他称之为"利息"或"资本的报酬"。这开始了最早的生产管理工作，也为管理工作专业化提供了基础。

第二次工业革命的主要标志是电力和信息技术的广泛应用，电的大量生产和大量供应，使工业资本内部产生新的资本形态。在工厂里，电动机取代了蒸汽机，动力机械迅速广泛地被应用，交通运输中也使用电动机作为动力，各行业提高劳动生产率的内在动力，使得对发电机、电动机甚至生活中的电灯的需求量扩大，最终形成了电器工业。后来，家用电器、通信器具等的发明生产，也成了电器工业的内容。此外，电力的大量而廉价的供应使以肥料、染料为主的化学工业也成为重要的工业资本。可以说，第二次工业革命使电力、钢铁、化工、汽车、飞机等重工业及作为重要能源的石油开采业也发展起来，并且出现了电力、医药、化工、汽车、航空、信息技术、生物工程等新兴的资本形态。在工业资本内部，重工业开始大规模出现，工业重心逐渐由轻工业向重工业转型，这些行业是在第一次工业革命的基础上发展起来的，是第一次工业革命的延伸和拓展，从"简单化生产"跃升到"复杂的大工业生产"。在第二次工业革命的推动下，资本主义经济由自由竞争阶段向垄断阶段发展，生产和资本都向大企业或大财团集中，产生了新的组织形式——垄断。垄断组织的形式主要有卡特尔、辛迪加和托拉斯。垄断组织的出现，是工业革命深度发展的结果，是生产力发展的必然。垄断资本家对经济、政治生活的干预越来越多。工业强国逐渐成为垄断组织利益的代表，垄断组织还跨出国界，形成国际垄断集团，要求从经济上瓜分世界，这是西方工业化强国对外侵略扩张的一个重要因素。

从 20 世纪 70 年代初开始，信息技术的产生、发展和应用，在经济生活中引起第三次工业革命。这从根本上说是由于可持续发展受到极大的挑战造成的。具体来说有以下几方面的原因：至 20 世纪 80 年代，全球面临能源日渐枯竭的压力，并且以化石燃料为动力的工业资本生产带来全球气候变暖，给人类的生存带来了危机。这迫切需要寻找一种使人类能够可持续发展的新模式。

第三次科技革命带来的新资本形态主要有以下几种。

（1）新兴能源资本

新能源的特点首推一个新字，是相对于我们传统的能源来说的，一种能源在一定时期是新能源，随着时间的推移，它就成为常规能源。新能源是工业资本中的新资本形态。新能源是在当下时期内，通过利用新技术、新材料经过系统的开发而被利用的能源。从其包含的能源种类来看，大家一致同意将化石能源和核能以外的所有能源都归为新能源。联合国将新能源及可再生能源分为 14 类：太阳能、风能、地热能、潮汐能、波浪能、海水温差能、木柴、泥炭、木炭、生物质转化、油页岩、畜力、焦油砂以及水能等。

新能源资本的生产特点是，生产分散、规模较小。如太阳能、地热能、风能等首先需要进行收集，因为它们分布于各地，在各地先收集，这种生产是分散的、小规模的。新能源都是可再生能源，新能源的开发利用是由于传统的石化能源是不可再生资源，我们在历史上已经经历了多次的石油危机，为我们的生产生活带来了很大威胁，并且石化能源造成的环境问题日益严重，所以在寻找可替代能源时，一定首选可再生的能源。另外，生产的发展使我们对能源的使用规模扩大，使用量更是惊人，所以新能源必须有可能是取之不尽、用之不竭的，这也要求新能源的可再生性。新能源是用新技术、新材料进行生产的，新能源的使用方式不新，但若取代化石能源成为社会的主能源，其生产的手段一定是不同于以往的，只有采用新技术、新材料才能开发出适合当代要求的新能源。新能源的发展又带动了新技术、新材料行业的兴起和发展。

新能源资本从事的行业基本上是分散的小规模生产，这也将改变资本现有的生产方式，不再进行大规模生产，小规模生产方式使中小企业进一步发展，人们的生活方式也将发生变化，进而又出现更多新资本形态。

（2）新技术资本

技术包括劳动工具的制作、使用的规则等一系列体系，是人在改造自然、社会以及自我的过程中所使用的一切手段和方法，在具体形态上有四种：自然形态、物体形态、智能形态和社会形态。新技术在第三次工业革命中使生产向智能制造转变。技术革命对社会生产和生活都产生了重大影响，改变着人类生产生活的广度和深度。新技术的产生有可能促进科学的发展，也有可能促进新资本形态的产生，出现新行业。

第三次工业革命的深入发展使新技术成为重要的研究和推广领域。最主要的技术有以下三种：一是信息技术，主要是对各种信息的获取、处理、传递等技术，包括微电子技术、计算机技术、通信技术和网络技术等。在这次工业革命中信息技术处于核心的战略地位。二是生物技术，它是应用现代生物科学技术，将生物本身的某些功能借助一定手段在其他技术领域应用，以生产出可供人类使用的产品的技术。主要包括基因工程、太空生物工程、细胞工程、发酵工程、酶工程、蛋白质工程和海洋生物工程。生物技术，将成为改变人类生命、生存、生活的最重要的新技术。三是3D打印技术，3D打印技术是产品在计算机设计成型后，将其分割成一系列数字切片，这些切片的信息传送到3D打印机上，后者会连续地将这些薄型层面通过特殊胶水堆叠起来，直到形成一个固态物体。因而，专业上又可称作快速成型技术。

（二）科学技术创造出新资本形态

科学技术不仅改变着资本生产、交换、流通，还改变着资本流通的外部环境。科学技术的进步使电子信息技术得以发展，于是许多公司利用这些技术，将资本市场进一步向世界扩张，在促进国际分工的同时也产生了新的资本形态。

1.信息技术和通信技术改变市场条件产生新资本形态

由于科学技术的发展促进了交通业、通信业的发展，资本流通的范围扩大，则直接使资本的生产、流通在全球范围内进行。

现代通信技术和信息技术的进步与发展，使货币出现电子化，同时也推动了金融业网络化的进程，使国际资本在更广阔的范围内流动，速度也大大加快，奠定了经济全球化的基础。全球信息网络加强了国际金融市场的一体化趋势，以汇率波动为核心的现代国际金融制度是建立在信息工具之上的，信息市场启动了整个国际金融市场和国际金融体系。信息技术和便捷的交通使世界成为"地球村"，不仅推动了金融的全球化，资本的全球化，而且信息的流动也促使加工生产全球化。

2.科学技术发展产生了科技服务业

科技服务业是指运用现代科学知识、现代技术、现代科学分析研究方法以及经验、信息等要素，通过政府、社会组织以及市场向社会提供智力服务的新兴产业。科技服务业是知识经济发展的结果，它位于价值链的最高端，科技服务的生产要素是具有高科技水平的人力资本和知识产权。它为生产环节增添了高附加值。科技服务的内容非常广泛，主要包括科学研究、专业技术服务、技术开发、设计创意、科技信息交流、技术推广、科技培训、技术咨询、技术孵化、知识产权服务、技术市场、科技评估和科技鉴定等活动。

科技服务业已成为许多国家的支柱产业，在经济发展中发挥着重要的带动作用。美国在其高度发达的市场经济体制的基础上，充分发挥企业创新的主体作用，加上政府大力扶持的投资，科技服务业较早地开始了产业化。美国对科技研发投入的经费巨大，其在研发活动上的支出甚至比七国集团其他国家的总和还要多。同时，建立健全保护科技研发者利益的法律体系。美国建立了知识产权制度，并将其法律化，形成完备的法律体系。美国政府还注重科技人才培养，加大力度发展教育事业，建成数十所世界一流大学。广泛吸收接纳各国优秀人才，为科技服务业发展奠定了人才基础。大力推动科技服务中介机构的系统发展，也促进了科技服务业的兴起。

（三）科学技术使劳动力成为资本

1.科学技术提高劳动者素质，并促进了教育资本的发展

劳动者创造出了现代的生产技术，并掌握了一定的科学技术知识，人是生产中的主导因素，生产中的科学技术要发展也必然依赖于劳动者对更新的、更高层次的科学技术的研究和把握。同时，对于劳动者在生产中能否将先进的生产技术充分发挥出来，熟练操作高技术生产工具，则取决于劳动者的受教育程度、主观创造性及掌握技术的熟练程度。掌握一定的科学技术也有利于劳动者提升应对技术变革的能力。科学技术知识应用的最大效率发挥作用还在于生产中的灵活使用并能够举一反三。在当今社会中，虽然新的技术不断更新，但其中有很大一部分是利用同一科学技术进行这样或那样的改造和变革。劳动者应对此类技术改造，能灵活、创造性地运用自己所掌握的知识，从而找到大同小异的解决方法，做到事半功倍，不延长劳动时间，提高劳动效率。通过上述分析可以看

到，劳动者积累的科学知识和劳动技能越多，他所达到的科学技术知识的层次就越高，因此他们在生产中就能发挥更大的作用，应付技术变革的能力就越强。

当然，对于以全新的科学技术知识为基础的新技术来说，劳动者对此要做出有效的反应，找到有效的应付手段，就必须进一步地学习，接受再教育。对于提高劳动者的熟练程度，充分发挥高技术的作用，需要劳动者的科技水平较高，但这种技术水平不能依靠经验积累，最有效的途径是接受教育培训。而应对技术变革造成的劳动力的转移和新配置，从一个行业中退出来到另一个行业中去就业，也取决于劳动者是否有杰出的学习能力，迅速掌握新的科学技术，这也需要劳动者具备一定的受教育水平。综上所述，科学技术在提升劳动者素质时，也促进了教育资本的发展，又产生了新的资本形态。

2. 科学技术促进了劳动力资本化

在当代，由于科学技术的发展日新月异，生产工艺的变革、生产设备的更新速度令人目不暇接。劳动者必须掌握一定的科学技术，具有一定的科学知识、丰富的生产经验才能使用生产工具，实现物质资料和劳动力的有机结合，完成价值生产。并且科技令产品生命周期变短，通常只有几年的时间就有新产品来代替。为适应不同产品的生产变化，劳动者也必须具备较高的科学文化水平、先进的劳动技能，才能在产品更替中做到游刃有余。在现代高科技生产中，劳动者主要是以体力与脑力相结合，且大部分生产是以脑力劳动为主，因此受过较高水平教育的劳动者能够发挥主观能动性，劳动的熟练程度和复杂程度较高，劳动的稀有性提高，这样就改变了劳动者在生产中的地位，他们不再是资本的附属品，而使自己也成为资本。科学技术创造了新的资本形态——劳动力资本。

三、分工和专业化促进新资本形态的产生

马克思将分工分为企业内部分工和社会分工两种，企业内部分工是指一个企业组织内的劳动者之间的分工，这种分工是通过企业的不同组织，借助企业的领导命令，来指挥和协调生产。社会分工是在一个社会范围内，生产经营单位如企业、个人之间形成的分工，既包括生产分为工业、农业和服务业的分工，也包括工业、农业、服务业内部进一步分化为更多的、不同的小部门。

（一）分工是服务业产生的物质基础

无论企业内部分工还是社会分工，它们的前提条件是必须具备一定量的劳动者。没有一定数量的劳动者聚集在一起进行劳动，就不可能在生产过程中进行分工。同样，社会内部的分工也必须以人口数量为物质前提。分工越发展，所需工人人数就越多，可变资本必须相应地扩大，生产资料增加，生产规模扩大。劳动者增加了，生产资料也必须相应地增加，尤其是劳动资料的增加更为迅速，甚至以比工人人数增长快得多的速度增长，因为分工提高了劳动效率，使工人在一定时间内能够推动生产资料增加，所生产的产品数量增加，从而使所消耗的劳动资料的量增加。所以，分工的产生首先要有生产规模的扩大。根据英国经济史的记录，至1870年苏格兰一般造船厂所雇佣的工人人数达800人，而纺织业在1850至1875年间，纱锭增加了30%，毛丝工厂则有81%的增长。而到了20世纪40年代后，大企业增多，美国1960年制造业100家最大的企业的资产占整个制造业的46.5%，制造业中不断出现像通用、福特汽车、美国钢铁公司等这样世界性的巨型企业。这为企业内部分工奠定了物质基础。此外，随着物质生产部门规模扩大，生产效率提高，内部服务环节的发展逐步外部化。列宁在《帝国主义论》中分析了资本主义国家在经济形式上从竞争必然走向垄断，而垄断的产生使资本量增大，企业规模扩大，达到规模经济的要求，降低生产成本，提升产品市场占有率。企业规模不断扩大，最初会带来商品产量的增加，要素的投入继续加大，商品产量反而开始下降。到一定程度后，同时加上影响企业发展的外部和内部的不确定因素，所以规模扩大的管理就会使成本增加，出现生产效率低的结果，甚至使企业面临破产的可能性也大大增加。所以此时，将企业内部的服务环节在条件成熟时，与企业生产环节分离，采取专业化的生产，就成为市场选择的必然结果，并且企业通过市场交易获得专业化的服务，降低了成本，因为市场提供服务更加专业和有效率。

（二）企业内部分工外化为社会分工形成服务业资本

企业内部分工细化，加大了企业中间需求，这一需求在资本和劳动力的积累达到一定程度，向社会延伸就促进了服务业的发展，尤其是生产性服务业的发展。在企业生产环节中，上一个环节的半成品决定下一生产环节的分工，半成品生产的环节多少决定了企业分工的程度。分工一旦开始，企业的中间需求就产生，分工越细，中间需求越多。中间需求又进一步产生新的更多的中间需求，在这一过程中，社会资本和劳动力的积累产生一定剩余，就会从原生产过程独立出来或者社会剩余资本和劳动力投入这一环节的生产，从而形成新的行业，这一行业主要为资本生产服务，形成服务业资本。从分工发展的历程可以看出，正是企业内部分工和社会分工的发展最终产生了服务业。第一个层次的分工是社会分工，是农业、手工业和商业的分工，第二个层次的分工是产品专业化生产以最终产品为准则的分工，如工业中出现汽车制造业、机械制造业、钢铁制造业等。第三个层次的分工是零部件生产的专业化，一个企业只生产最终产品的某一部分。第四个层次的分工是工艺专业化，只进行产品或零部件生产中的某一个工艺环节，如铸造、热处理等。第五个层次的分工就是生产服务的产生，即从生产中分离出来，为生产服务的行业，如产品的研发设计、运输配送、售后维修等。前四个层次的分工都着眼于产品，对产品生产本身进行细分从而产生企业内部分工和社会分工，而到第五个层次，分工着眼于直接生产过程以外，服务于生产，并且这些环节从企业内部外化于社会，形成社会分工，产生了服务业。

四、社会化大生产是资本形态变化的基础

资本主义生产自一开始就具有社会化的特征。而随着机械工具的使用，劳动生产率的提高，生产环节不断分化，任何一个企业也不能完成一个最终消费品的生产，生产社会化程度加大。在两次工业革命的作用下，"机器的采用加剧了社会内部的分工，简化了作坊内部工人的职能，集结了资本"[①]。生产环节进一步分化的同时，每一生产单位的规模也在扩大，社会对资本的需求总量加大，大资本的生产方式、流通过程更加细化，从而使资本形态发生变化。

（一）社会化大生产产生了股份制资本组织形式

社会化的、大规模的机器大生产首先需要巨额资金，这是单个企业和个人

---

① 马克思，恩格斯.马克思恩格斯全集（第 1 卷）[M].中共中央马克思恩格斯列宁斯大林著作编译局，译.北京：人民出版社，1979：167.

难以完成的，同时单个企业和个人也无力承担这样巨大的投资风险，但是原有的企业财产组织形式是个人所有制，它的权利安排是封闭性的，能够筹措的资本数量是有限的，并且在这样的企业制度下，所有者对企业的经营风险是负无限连带责任的，这也进一步限制了资本扩大生产规模的需求，因此必须寻求新的企业组织形式，一方面可以使企业面向社会公众进行筹资，能在短时期内完成资本的集聚，使资本能在大规模的状态下进行生产，增强竞争力的同时也能获得更高利润率。另一方面，企业开放产权降低风险，提高全社会的资本利用率。在股份制下，所有出资人，以出资额为限，承担企业经营风险，这样就将原来企业制度下的无限连带责任改变为有限责任，所有者的风险降低了。所以在资本主义生产中股份制成为一种常见的资本组织形式。

这种资本形式在一定程度上也影响了劳资关系。劳动者利用自己的资本可以进行投资，购得股份成为资本占有者，从而在最终分配劳动成果时，获得了剩余索取权，不再是单单获得工资收入。另外，在科学技术的发展下，劳动者成为掌握一定科学技术的人才，这些技能使复杂劳动力成为资本，劳动者从而拿到最终的剩余索取权。

（二）社会化大生产产生了金融资本

生产的集中与垄断资本的产生是金融资本出现的前提，在生产集中与垄断资本产生的同时，金融资本也逐步产生了，这是同一过程的两个方面。在生产集中垄断的同时，银行也经历由集中到垄断的过程。银行形成垄断后其职责就不再是承担简单的中介人的作用了，开始成为支配一切的万能的垄断者。银行最初是作为中介人，为职能资本家收付款项，并将社会闲散资金集中起来，作为报酬收取一定的利息。当垄断一旦形成，银行和其他公司的关系就不再是简单的借贷关系了。少数垄断银行集中了社会上大部分资本，符合其他垄断公司的大规模的资本需求，于是垄断公司和垄断银行形成固定的借贷关系，垄断公司依赖垄断银行进行筹资，这使垄断银行对工业公司进行渗透，进行有效的控制。这种渗透表现在两个方面，一是银行与垄断公司相互持股。银行通过购买垄断公司的股票或直接经营企业，进行其他资本的经营活动；而垄断公司则通过购买垄断银行的股票或开办银行，从事金融活动。二是人事参与，垄断银行资本和其他资本相互派人担当对方的领导职务，于是银行垄断资本家也是工业垄断资本家，工业垄断资本家也是银行垄断资本家，使银行业与其他行业融合。大规模的这些垄断公司和银行的垄断活动控制了整个国家的国民经济，他们成为垄断资本真正的统治者。

（三）社会化大生产产生社会服务资本

社会化大生产使生产、交换、分配、消费更加紧密地联系在一起，我们以往对社会化大生产的研究是以生产为核心，以商品运动为线索，按时间顺序来转换资本完成资本的流通。当然这种研究方法是服从了研究目的的，抽象掉资本的具体形式，将社会产业资本分为两大类，一类是生产生产资料的部门，另一类是生产消费资料的部门，社会总资本顺利完成再生产，无论是简单再生产还是扩大再生产，就是要让这两大部门之间及两大部门内部完成交换。但当我们要考察资本的具体运行时，就不能再对资本进行抽象，必须对资本的具体组成、资本运行条件等进行分析。

首先，社会化生产使生产环节增多，除去直接生产过程，还有为生产服务的产品设计、专业化服务、信息服务等。这些内容在当代主要为满足生产的需要，这使社会总资本再生产时在生产资料部门中交换内容增加，从而使各部门间的比例关系难以维持合理性，比例失调就不能完成社会资本的再生产。资本在再生产过程中保持一定的比例，这一环节成为再生产过程的关键，但这工作是私人资本无法完成的，一方面是因其无利可图，另一方面是社会化生产是一个社会总资本的运动过程，超出了私人资本可以调整的范围。生产的社会化程度越高这一环节越重要。所以维持合理的比例关系，就由政府通过宏观经济调控来完成。政府进行宏观经济调控时，采取的手段主要是经济手段，而经济手段中又有直接调控和间接调控。直接调控就需要政府的直接投资，而间接投资也需要政府一定的资本投入，这些就形成了一部分政府服务资本的内容。

另外，社会化大生产也使原来生产中的条件、外部环境等发生变化。对生产过程所需的条件，我们只考察了生产资料，而对劳动、劳动对象没有进行界定。在当代，劳动这一生产条件的拥有者，其劳动不再是简单劳动，而是复杂劳动。简单劳动转化为复杂劳动需要劳动者接受一定程度的教育，并且教育也起着维护社会公平的作用，教育的创办就主要由政府来完成。教育的发展使政府在这领域的支出不断增加，形成政府服务资本的一部分。随着全体社会成员素质的提高，人们的消费不仅是物质商品，开始增加精神产品的消费，于是教育等文化产业兴起。

第四章　资本形态变化对资本主义经济的影响

　　20世纪40年代后随着科学技术的发展，资本流通过程中的形态变化多种多样，这些资本形态在产业划分上统统归为服务业。通过发达资本主义国家的产业统计资料发现，服务业在经济结构中逐步占有绝对优势，从表4-1可以看出，美国服务业发展较早，70年代后进入高速增长时期，而其他国家相对要晚一些，大都在80年代后进入高速增长期。在对服务业进行分类时，多数采用经济学家辛格曼的四类分类法，将服务业按照服务功能分为四类：生产服务、流通服务、个人服务和社会服务。生产服务包括的行业有金融保险业、科学技术研究、会计审计法律等服务、其他营业服务，这与生产资本流通中新产生的资本形态在行业上的表现基本一致。流通服务业包括运输仓储、批发零售、通信、广告和其他销售业务，这与商品资本自由化货币资本转化时产生的资本形态一致。劳动力这一生产要素在马克思时代是资本的附属品，但在生产社会化的今天，劳动力已成为资本，个人服务是为创造劳动力价值的，也是资本的一种新形态。社会服务为劳动力和总资本服务，也是一种新的资本形态。这样可以说新产生的资本形态在产业上就是服务业，各类资本形态对经济发展从不同角度、不同程度产生着影响。

表4-1　国内生产总值的三次产业构成

单位：%

年份	美国			英国			日本		
	农业	工业	服务业	农业	工业	服务业	农业	工业	服务业
1970	3.0	38.0	59.0	2.79	44.21	53.0	6.5	49.6	43.8
1975	3.6	35.9	60.4	2.83	42.08	55.10	5.8	44.7	49.5
1980	2.8	36.0	61.2	2.16	42.81	55.03	3.9	44.5	51.6
1990	2.0	28.1	69.9	1.86	35.2	62.9	2.5	41.2	56.3
2000	1.2	23.4	75.4	1.0	27.3	71.7	1.5	31.1	67.4
2011	1.2	20.0	78.8	0.7	21.7	77.7	1.2	27.4	71.5

　　资料来源：刘洪.《国际统计年鉴》，中国统计出版社，1999。《国际统计年鉴》，中国统计出版社，2013。

一、20世纪40年代后资本形态变化对经济增长的影响

（一）生产性服务业资本成为经济增长的主动力

1.生产性服务业资本稳定快速增长

在各种资本形态中，生产性服务业资本的增长幅度是最快的，其增长远远超出服务业的平均增长水平，从表4-2中可以看出，生产性服务业从20世纪80年代开始迅速增长，生产性服务业在GDP中的比重美国由19%上升到了2006年的33.1%，增长了16.1%，加拿大生产性服务业由17%上升到24.7%，上升了7.7%，法国生产性服务业由16%上升到29.4%，上升了13.4%。

表4-2　各国生产性服务业占GDP的比重

单位：%

年份	美国	加拿大	法国
1970	17	14	—
1980	19	17	16
1990	22	21	21
2000	31.6	23.4	27.6
2006	33.1	24.7	29.4

资料来源：《国际统计年鉴2009》，中国统计出版社，2009。

生产性服务业在GDP中的比重甚至超出了制造业在GDP中的比重。而美国当时的生产性服务业对GDP的贡献率为54.2%，也就是说，美国只占GDP 33%的生产性服务业却对GDP增长做了50%以上的贡献。

从表4-3可以看出，服务业中各种资本的就业增长迅速。在OECD国家的服务业发展过程中，所有服务部门的就业比重都有不同程度的上升，但其中最显著的是生产性服务行业的就业增加，而在生产性服务业中，增加最多的又是

金融保险、房地产和商务服务类。

表4-3　OECD国家生产性服务业就业的平均份额

单位：%

行业	1988	1998	1987—1997 变化
运输仓储通信	6.4	6.4	0
金融保险商务服务	9.4	11.4	1.6
教育卫生社会服务	18.0	19.3	1.3

数据来源：Services :Statistics on Value Added and Employment（2000）.OECD.
上海科学技术情报研究所整理。

以上是通过直接的数据统计来说明生产性服务业的增长，我们还可以根据以上数字计算得出生产性服务业的影响力系数和感应系数，说明各行业对生产性服务业的需求增加，从而使生产性服务业成为经济增长的主动力。

表4-4 所示是美、日两个国家 3 个代表性年份的感应系数。从中我们可以得出以下结论。

表4-4　美国、日本生产性服务行业感应系数和影响力系数

国家	行业	感应系数			影响力系数		
		1997 年	1990 年	1985 年	1997 年	1990 年	1985 年
美国	金融保险业	1.052	1.287	1.229	0.713	0.901	0.906
	房地产与商务服务	3.062	4.206	5.131	0.422	0.400	0.488
	运输仓储	1.937	1.949	1.729	0.814	0.863	0.808
日本	金融保险业	1.619	1.959	1.823	0.424	0.449	0.530
	房地产与商务服务	1.877	2.446	3.288	0.538	0.443	0.471
	运输仓储	1.636	1.679	2.570	0.878	0.895	0.913

资料来源：根据 OECD 投入产出表数据计算得出。

第一，比较美国和日本的生产性服务资本的感应系数，基本都大于 1，这说

明，生产性服务业的资本投入是经济发展所必需的，较强地制约着经济发展。

第二，从演变趋势看，生产性服务行业的所有感应系数均在不断提高。这就说明，伴随经济发展，社会需求在生产性服务业方面逐步增大。而这一需求的增加自然促进了劳动者的就业比重不断增大，就业人口增多消耗的劳动就多，生产性服务业增加值也就增加。而此前，美国和日本的生产性服务业的影响力系数基本都是小于1的，这是因为多数生产性服务资本要求技术、知识水平高，对实物型的中间产品需求不大，因而其发展过程中不会对农业和制造业的中间产品有较强烈的需求。以往的数据也显示，生产性服务业的中间投入仍体现为生产性服务。生产性服务业资本的影响力系数相较于平均水平要低的事实表明，在工业化中后期，生产性服务业影响其他产业的作用是有限的，对物质产品生产的拉动作用也低于制造业。在美国和日本，与生产性服务业的影响不同，多数制造业资本的影响力系数均大于1，这说明在工业化时期，整个经济的增长依然靠制造业拉动，制造业转换升级引发的中间投入需求是促成生产性服务业发展的最重要动力。

从各行业的感应系数看，房地产和商务服务业的增加幅度最大。这也说明商务服务业增加值比重上升是最快的，也表明产业关联效应的强度同增加值比重之间存在着因果联系。金融保险业的感应系数增加幅度次之，交通运输等传统生产性服务业的感应系数增加不显著，这说明在服务经济时代，经济增长将日益依赖于技术含量更高的现代服务业，而非劳动密集型的传统物流。

2. 生产性服务业通过提高劳动生产率促进经济增长

从表4-5可以看出，美国在2004年服务业各行业的附加值率均高于农业和工业部门，并且其中附加值率较高的部门房地产业，附加值率为71.5%，商务服务部门附加值率为62.5%，金融保险业为60.2%，这些都是生产性服务业，而整体经济的附加值率仅为55%，这说明生产性服务业的附加值高，从而提高劳动生产率。而服务业的投入主要是人力资源，对物质资源的依赖程度较低，可以做到投入较少的物质成本生产出较大的价值。但由于投入的人力资源较高，劳动力支出是服务产品的主要成本。随着经济的发展，人力资本的投入不断加大，而物质资本的投入减少，生产性服务业的劳动生产率不断提高，从而促进了经济增长。

表4-5 2004年美国三次产业及服务业内各部门附加值率

单位：%

行业	行业附加值率	行业	行业附加值率
农业	44.4	金融保险业	60.2
工业	39.4	房地产业	71.5
服务业	61.5	商务服务	62.5
商业	65.9	教育医疗	61.5
交通仓储	52.0	休闲娱乐	54.5
信息服务	48.7	其他服务	55.4
政府服务	60.5	整体经济	55.0

资料来源：陈凯.服务业内部结构高级化研究.经济科学出版社，2009：42。

（二）商业服务资本促进经济增长

1.商业资本形态（流通服务业）在GDP中的比重下降

随着服务业的发展，流通服务业也得到了发展，但相对其他行业来说下降了。由表4-6中可以看出，从相对数字来说，流通服务业在GDP中的比重是不断下降的，美国从1980年的20%下降到2006年的15%，下降了5个百分点，加拿大从16%下降到了13%，下降了3个百分点，法国从1980年的16%下降到了12%，下降了4个百分点。但从绝对值来说，流通服务业是不断增长的，流通服务业产值美国从1970年的2571亿美元上升至2006年的26726亿美元，上升了10倍多，加拿大从1970年的17612亿加元上升到了2006年的249900亿加元，上升了14倍多，法国从1980年的5592亿法郎，上升到2006年的29800亿法郎，上升了近50倍。从绝对数字可以看出，流通服务业在20世纪40年代后也得到了迅猛发展，为经济增长做出了贡献。据统计，运输业在GDP中的比重自1970年以来，基本保持一定的比例，变化不大，美国1970年、1980年、1990年、2000年的比重分别为4%，4%，3%，3.3%，加拿大1980年、1990年、2000年的比重分别为5%，4%，3.9%，这说明在流通服务业中的变化主要是由商业、通信等引起的。

表4-6　流通服务业产值及在GDP中的比重

年份	美国		加拿大		法国	
	产值/亿本币	比重	产值/亿本币	比重	产值/亿本币	比重
1970	2571	21	17612	18	—	—
1980	6796	20	58074	16	5592	16
1990	12350	18	121599	16	13604	16
2000	22084	16	207600	14	24350	12.6
2006	26726	15	249900	13	29800	12

资料来源：《国际统计年鉴》，1999；《国际统计年鉴》，2013。

2.商业资本形态对经济增长的作用

批发商业包括传统的独立批发商、制造商的销售机构和经纪代理商三个部分。1984年，美国共有43万多个批发单位在营业，其中不少营业单位是属于同一个企业的。1984年在批发企业中数目不到2910的大企业占有全部销售额的22%，独立的批发商在美国已有悠久的历史，但仍在批发商业中占有很大优势。1982年批发商的销售额在总销售额中占58%，其雇员人数在总雇员人数中占79%。[1]20世纪80年代以来，有越来越多的制造商为推销自己工厂的产品直接建立起批发机构，这样就把中间代理商或经纪人这一环节排挤了出去。美国的一些制造商和零售商向海外直接购买商品，也越过了批发商这一流通环节。而90年代后商业利用电子商务，更是毫不留情地将所有批发和零售环节取消了。批发业和零售业都减少了流通环节，甚至利用电子商务取消流通环节，这样一方面节约了预付社会总资本的量，在一定程度上提高了资本的周转速度，增加了年剩余价值率。另一方面流通环节减少甚至没有，商品停留在流通过程中的时间减少，节约了流通时间，也加速了资本周转，在同样的资本总量下，剩余价值增加，促进经济增长。

---

[1] 李京文，方汉中.国际经济技术比较——大国的过去[M].北京：中国社会科学出版社，1990：533.

零售业对商品资本向货币资本转化或货币资本向商品资本转化有巨大的影响。20 世纪 40 年代后零售商业规模十分庞大，以美国为例，1987 年的销售额已超过 1.52 万亿美元，相当于当年国民生产总值的 1/3，就业人数达到 1881 万人，按人口平均计算，每 13 个美国居民就有一个人在零售业部门工作。[1] 美国零售业虽然有大中小三类但大规模商业是它的显著特点。大规模的百货商店经营品种也是很多的，多在万种以上。美国零售业还采取连锁的方式经营，这种经营方式统一进货，集中管理。美国的零售业还利用先进技术进行经营管理，80 年代后零售业中都使用电子计算技术，使结账和后序的工作简化，缩短流通时间。美国零售业中从业人员人数是下降的。零售业在国内生产总值中的比重是下降了，但其每年所流通的商品总量却是增加的，也就是说，其每年的绝对值是增加的，只是相对于其他行业来说增长慢了。零售业经营规模大，流通的商品种类多，在预付总资本一定的情况下，商品流通速度快，节约流通时间，提高周转速度，增加剩余价值生产，推动经济发展。同时商业就业人数增加，有利于充分就业，促进经济发展。

（三）信息业资本对经济增长的促进

信息业产生新的资本形态，创造新需求，促进经济的增长。从 20 世纪 70 年代末开始，信息业迅速发展，由表 4-7 可知，在 1978—1982 年的 5 年间，美国的信息部门在销售额、就业人数、利润和研究发展费用方面还不能与制造业相比肩，但从这两大部门的平均增长率看，信息部门已经超过了制造业，在销售额方面，信息部门则增长了 66%，比制造业多增长了 26%；从利润方面看，信息业则增长了 37%，比制造业净增加了 30.6%；在就业人数方面，制造业下降了 7.8%，而信息业却增加了 11.8%；就研究与发展投入的科研经费来看，在这五年中，制造业增长了 81%，而信息部门却大幅增长了 111%。美国信息业吸收大量就业人口，增加工人的收入，销售额大幅增长，这些方面极大地拉动了经济增长。时至今日，信息业依然强劲发展，主要包括生产、发送信息和文化产品的单位，传递或发送这些产品以及数据或通信手段的单位和数据处理单位。电信业的雇主创造的年收入由 2005 年的 4452 亿美元上升到 2008

---

① 李京文，方汉中.国际经济技术比较——大国的过去 [M].北京：中国社会科学出版社，1990：535.

年的5155亿美元,3 年增幅达15.8%。①网络服务商的增长速度最快。这一时期,信息服务业一方面创造出了大量新行业,产生新的需求,增加就业等推动经济发展。另一方面,信息业通过对其他行业的渗透,即其他行业利用信息业,尤其是计算机和网络的应用,改进生产方式,提高了生产效率,扩大市场范围,加速资本流通,增加剩余价值的生产,促进经济发展。

表4-7　美国制造业和信息业经济指标的比较

指标	行业	1978	1980	1982	增减率
销售额 / 亿美元	制造业	10852	14215	15203	40
	信息业	1318	1744	2188	66
利润 / 亿美元	制造业	595	734	633	6.4
	信息业	127	154	174	37
就业人数 / 万人	制造业	1513	1549	1395	-7.8
	信息业	295	322	330	11.8
研究发展费用	制造业	206	289	371	81
	信息业	49	72	104	111

资料来源:章嘉琳.《变化中的美国经济》.学林出版社,1987:4。

（四）复杂劳动投入促进经济增长

我们当前理解的经济增长是新价值的增加,而价值来源于内含在人体内的脑力和体力之和。这种脑力和体力之和就是劳动者的劳动力。劳动力是人的劳动能力,既包含一般体力和脑力,也包含经过一定的教育和培训才获得的脑力和体力之和;在当代科学技术革命的大背景下,劳动者的劳动能力都是经过一定教育和训练后获得的蕴含在劳动者体内的才能,它是劳动能力中较高级、复杂的那一部分,是一种复杂劳动,这一复杂劳动最大的特点是创造性,所以从这一特点出发,西方学者将生产中劳动这一要素提升为人力资本。既然劳动是生产中不可或缺的要素,是生产价值的源泉,所以复杂劳动的使用会在同样的劳动时间内比简单劳动创造出更大量的价值,从而促进经济的增长。同时,复杂劳动的创造性是生产消费劳动力的过程,也就是劳动者劳动的过程是创造性

---

① 陈宝森,王荣军,罗振兴.当代美国经济[M].北京:社会科学出版社,2011:156.

的，所以极大地提高了劳动效率。另外，劳动力在使用过程中，劳动者的体力可以通过能量的补充而恢复，但对于脑力来说，越使用，知识和经验的积累就越多，从而使劳动力水平提高。在以后的使用中会创造出更多的价值。生产中复杂劳动数量越多，生产的价值越多，经济增长越快。

西方学者既然将劳动提高到了人力资本的高度，说明劳动者的劳动力不仅获得和劳动力价值等量的工资收入，还要要求投资报酬率，并且这一报酬率还是高于一般投资收益率的，因此劳动者收益高，消费水平提升，消费需求增大并多样化，急剧增长的消费需求成为拉动经济增长的一大动力。同时由于劳动者的收益增加，他们就会提高消费水平，调整消费结构，从基本生活消费向耐用消费品、住房、教育、旅游等高层次消费升级，这也促进了产业结构的调整。

（五）社会服务资本推动经济增长

20 世纪 90 年代以来，新资本形态中社会服务资本增长迅速，对经济增长的作用突出。社会服务资本主要包括教育、医疗、文化等行业资本。

1.教育资本

近年来，全球教育服务业保持稳定增长态势。教育服务业产值由 2000 年的 820 亿美元上升至 2007 年的 1425 亿美元，年均增长率近 8%。随着经济全球化过程进一步深入，教育服务已成为新型的出口产品，在国家经济中的战略地位不断提高。2007 年，世贸组织成员国之间的教育服务贸易额已达 1000 亿美元，所占服务贸易总额比重达 3%。以美国为例，早在 1970 年，教育服务业就已成为全美第四大服务业，仅次于旅游、运输、金融等传统服务业。[①]

教育对经济的促进作用主要有以下几个方面：一是劳动者接受教育提高素质，这样在生产中可以更快地掌握生产技能，也能迅速地提高利用技术的熟练程度，甚至资本化的劳动力多数从事经营管理活动，科技革命造成生产中所使用的各种资源复杂丰富、生产工具技术水平高、结构复杂，使这些资源只有在具备一定素质的劳动者手中才能发挥出最大生产效率，并且在科学技术水平不断提高时，生产中的设备的复杂程度增大，以及新技术的更替速度加快，对劳

---

① 杨丹辉，王子先.服务外包与社会服务业开放式发展战略 [M].北京：经济管理出版社，2014：72.

动者素质的要求越来越高。在技术条件一定的情况下，劳动者素质的提高，在一定程度上可以克服自然资源的不足及其他经济条件的缺陷，加速经济增长。而所有这些工作的完成都依赖于教育，教育正是通过提高劳动力价值促进了经济增长。二是教育促进科学技术发展。研究表明，国与国之间的经济差距，实质上是教育的差距。所以世界各国用于教育的开支已占据公共资金支出中的第二位，仅次于军费开支。教育与科研从来是不可分割的，世界各国高等学校办学都与科研相结合，在知识经济时代，学校作为研究与发展科技的重要力量，将继续对科学技术的发展起到决定性作用，教学促进科学研究，科学研究反过来又带动教育的发展。三是教育对产业结构影响巨大。教育和社会分工两者的发展和深化作用，是相辅相成的。社会分工引起教育的发展，教育对社会分工的推进作用一个是体现在它所提供的科学技术研究成果上，这为社会分工的发展创造了前提条件；科学技术的突飞猛进成为经济的主要因素，形成以服务业为主体的产业结构。另一个是教育改变劳动者素质，为产业调整准备劳动力，产业结构向更高层次递进，对劳动力的水平要求更高，教育间接地影响着产业结构。教育在一定程度上影响着社会生产的各个要素。而生产要素的变化，也就引起社会生产的各行业变化，这也就引起产业结构的变化。

2. 文化资本

《美国经济中的版权产业：2003—2007 年度报告》中指出，2003 年美国的 GDP 为 10.96 万亿美元，其中，版权产业的增加值为 1.21 万亿美元，占 GDP 的比重为 11.06%；而到 2007 年，其全年 GDP 高达 13.87 万亿美元，版权产业的增加值上升到 1.53 万亿美元，占 GDP 的比重为 11.05%，核心版权业增加值达到 889.13 亿美元。纵观 2003—2007 年间的数据，可以发现，美国版权产业的增加值随 GDP 总值的增加而增加。[①]同时，上述报告还测算了版权产业对美国经济实际增长的贡献率。2003—2004 年，版权产业对经济实际增长的贡献率为 28.49%，2004—2005 年、2005—2006 年则分别为 29.37% 和 31.19%。而到 2007 年，版权产业的贡献率大幅提高，达到了 43.06%。由于版权产业的增加值在全部 GDP 中保持在 11% 的比重水平，很明显，版权产业对经济实际增长的贡献率远远大于其在 GDP 中的比重。这说明近几年美国的版权产业对经济增长所产生的影响在逐年扩大。就业方面，版权产业的就业人数随总就业

① 杨玉英，郭丽岩.文化服务业经济分析[M].北京：经济管理出版社，2010：95.

人数的上升而上升，但所占比重基本维持在 8.5％的水平，且逐年呈小幅下降趋势。①

文化服务业对经济增长的促进作用体现在以下方面：一是文化服务业中的创意已成为生产中的重要要素，其创造的价值甚至超过直接生产中的价值创造。二是提高就业水平，从美国文化服务业发展看，这一行业提供的就业岗位还在增加，增加了劳动者收入，另外，通过提升劳动者素质从而提高生产效率，这样大大促进了经济发展。

二、资本形态变化转变经济增长动力

（一）经济增长影响因素

发达国家经济经过一个漫长的发展过程，经济增长的内容广泛，推动经济增长的动力在不同的时期有不同的内容。所以西方学者对经济增长模型的研究，其实质就是在不同历史时期对经济增长影响因素的研究。

1. 20 世纪 40 年代前对经济增长因素的分析

在 20 世纪 40 年代前，学者们通过对资本形态及其流通过程的考察，分析这一过程的各种要素，以发现影响经济增长的因素。这一时期对经济增长的影响多采用静态分析的方法，通过对直接资本流通过程的分析，认识到流通过程中资本、土地、劳动等因素是影响经济增长的关键。由此可以看出，经济增长依赖于产业资本。

19 世纪末 20 世纪初，熊彼特对静态分析方法提出疑问，他用动态的分析方法，构建出"创新理论"模型，用它来解释说明经济增长的影响因素。生产技术和生产方法的变革是经济增长的重要因素，生产技术和生产方法变革包括新产品的研发、新市场的开辟、新技术的利用、原材料的新来源、实现企业的制度创新等。"创新"是一种创造性的生产活动，是经济增长的"内在的因素"。这是将生产要素以外的因素纳入经济增长范围的起点，但这些新的创新要素依然是企业内部生产环节的变化，没有形成社会资本形态。

---

① 杨玉英，郭丽岩.文化服务业经济分析 [M].北京：经济管理出版社，2010：96.

2. 20 世纪 40 年代后经济影响因素的分析

20 世纪 50 年代，丹尼森认为生产要素投入量和生产要素生产率是影响经济增长的两种因素，生产要素投入量即资本、劳动和土地影响经济增长，资本和劳动是变化的，土地是定值。要素生产率是产量与投入量之比，资源配置、知识进展和规模的节约决定它的大小。可以将综合生产要素投入和生产要素生产率分为七类，即就业者人数及他们的年龄性别构成；就业人员的受教育程度；工作时数；资本存量的规模；规模的节约；资源配置状况；知识进展。丹尼森通过分析美国国民收入，对这七种因素进行了比较，发现知识进展对经济增长的影响是最重要的。知识进展包括技术知识、管理知识的进步和由于采用新的知识而产生的结构和设备的更有效的设计，还包括从国内的和国外的有组织的研究、从个别研究人员和发明家或者简单的观察和经验中得来的知识。新古典经济增长理论虽然强调技术进步的作用，但把技术进步作为外生变量，没有对技术进步的源泉进行研究。

20 世纪 80 年代末 90 年代初，科学技术在生产和社会生活中广泛应用，经济增长迅速，于是产生新经济增长理论。新经济增长理论肯定了技术进步是经济增长的决定要素，但不能将技术进步看作经济系统的外生变量。如果把技术进步看作外生变量，就不能解释各国生产率增长的差异。新经济增长理论主要考察了知识影响因素。

罗默的增长理论说明了信息时代知识积累是经济增长的决定性要素。知识要素的边际生产率是递增的，使用后能够提高收益，从而促进了资本投资，资本投资又产生新知识，资本投资与知识积累相互促进。当产出作为资本和劳动投入的函数时，产出是递减的；当产出作为劳动、资本和知识的函数时，产出是递增的。

卢卡斯认为人力资本积累是经济增长的来源。人力资本积累能提高全社会生产率使收益递增，是经济增长的内生性因素。各国的生产率差别说明人力资本积累水平的差别。卢卡斯等人认为专业化的知识技能和人力资本积累可以生产递增的收益并使其他投入收益及总规模收益递增，并进而说明人力资本是现代经济增长的决定因素和永久动力，各国经济增长的差异主要是人力资本方面的差异以及各国在国际贸易中的人力资本比较优势所致的差异。

对经济增长因素按时间顺序的整理发现，在生产方式简单时，生产要素、生产要素的组合及积累，是产出量增加的主要途径。而生产方式日益复杂，资本和劳动不再是主要影响因素。人们首先看到的是技术进步，但也只把技术进步看作增长的外生变量，还注意到人力资本这一要素。20世纪80年代后，生产方式发生了根本性变化，知识和人力资本成为经济增长的决定性因素，影响知识、人力资本的因素也在经济中发挥着作用，因此，结构调整、制度变迁、技术等都引起关注。科学地把它们结合起来也是提高产出率的因素。

（二）新资本形态正是经济影响因素的行业化

1.20世纪40年代前通过增加对生产要素的投入来促进经济增长

从以上分析可以得出，在当时影响经济增长的因素是20世纪40年代前普遍认为的生产要素的投入，主要有资本、劳动及资本和劳动的生产率。虽然在19世纪末20世纪初，也提到了新技术、新产品及制度的创新，但由于当时的生产方式还是以投入增加产出为主，这一因素只被看作经济发展的外生变量。所以这一时期经济增长主要是制造业和农业，这些行业主要依靠资本及劳动的投入增加来带动经济增长。也可以说是粗放型的经济增长方式。

2.20世纪40年代后经济增长的因素主要是科学技术

从20世纪50年代开始，对经济影响因素的认识就不再集中在生产要素上了，经济增长的拉动是由于生产中越来越多地使用知识、新技术，并且注重人力资本的投入，这些要素是通过对生产中的直接要素产生作用，提高生产率推动经济增长。这些因素的投入都具有边际收益递增的特点，它使经济增长不再依靠物质，增长速度反而更快。这既节约了资源，收益还增加了。这种通过劳动生产率的增长拉动经济增长的方式是集约型经济增长方式，不同于以前的经济增长。从总体上说，知识、技术和人力资本的积累是科学技术的结果，所以当代科学技术是经济增长的主动力。

3.新资本形态有利于经济增长因素的发展

马克思明确指出劳动力这一商品的价值是由生产劳动力这种商品的社会必要劳动时间来决定的。从这一结论中我们首先要确定的是劳动力商品的性质，劳动力这一商品与一般商品是不同的，它们的不同不仅体现在价值上，也体现在使用价值上。对于一般商品来说，它的使用价值是满足购买者的某种需要，当被消费后，其物质形式就不再存在。而劳动力商品是蕴藏在人体内的脑力和体力之和，劳动力商品被使用就是劳动过程，劳动过程消耗了劳动力，但是其物质形式即劳动者不会消失，更为重要的是劳动过程是创造过程，而一般商品的使用过程是消耗过程。而且这时界定的劳动力的使用是进行简单的劳动。当劳动是复杂劳动时，劳动力价值的计算就要增加中介手段以统一标准来进行比较。从价值决定来说，劳动力商品和一般商品的价值决定虽然说都是由生产商品的社会必要劳动时间来决定，但生产劳动力商品的社会必要劳动时间是一个间接量，不像一般商品一样是一个直接量。劳动力的价值是由生产和再生产劳动力价值所需要的生活资料的价值决定的。接下来对生活资料的价值进行分析，生活资料的价值不难分析，而问题存在于哪些生活资料的价值构成劳动力的价值。马克思说这些生活资料是维持劳动者生存所必需的生活资料。在不同时期，劳动者所必需的生活资料的范围是不一样的，在马克思时代，劳动者生存所必需的生活资料是食品、服装等。而这些生活资料的价值是随着社会劳动生产率的提高而下降的，所以，社会劳动生产率提高，劳动力的价值就会下降，劳动生产率和劳动力价值成反比。而在当代，劳动力生产和再生产所必需的生活资料，维持生存的生活资料只是其中一部分，并且不是最大比重的部分。首先，随着社会经济的发展，劳动力生产和再生产所需要的生活资料的数量和范围扩大。新资本形态产生了社会中新的行业，为社会提供了更多种的商品，这其中也包括大量的消费资料，这些消费资料进入消费领域，从美国家庭来看，消费资料包括住房、食品、交通、医疗保健、教育、娱乐等方面，其中比重最大的是住房消费，占家庭总支出的三分之一以上，而房屋这一商品也有特殊性，它既是消费品也是一种金融资产，房屋在使用过程中，能保值增殖。因此随着资本形态的发展，房地产行业兴起了，改变了劳动力商品所需要的生活资料构成，而教育、科学服务、信息文化业等更是直接提升了劳动力的价值。生活资料范围扩大，使劳动力的价值随生产率的提高而提高。另外，消费资料的数量增加，也增加了劳动力价值。从美国家庭支出还可以看出，当代家庭支出中的消费品不仅种类增加，而且数量也大规模增长。1946年至1986年近40年间，食品、服装等消费品在家庭总支出的比重由36.27%下降为20.63%。而住房、交通的消费量增加，住房在总支出中的比例占到33.8%，而交通约占18%。这些数量的增加使劳动力价值增加，促进了经济增长。

其次，资本形态变化对劳动者的素质提出了更高的要求，这使劳动力价值形成中的教育培训等费用增加，从而增加劳动力价值。新资本形态成为经济发展中的主导因素，这些资本形态对劳动力要求更高的文化受教育程度、劳动熟练程度、创造性等，它就使劳动力的知识结构和技术结构提高，因此劳动者不得不花更多的时间进行学习和培训，从而消费更多的物质商品和服务商品，增加劳动力价值。

最后，资本形态的改变也改变了劳动者向资本所有者支付劳动的形式。在马克思那里，劳动者支付的是简单劳动，而资本形态集中在高技术、高知识的领域，这就使在劳动时间不变甚至缩短的前提下，劳动力提供的劳动强度更大，所以，劳动者在劳动过程中生产剩余价值时，能创造的价值更大，劳动力价值增加了。

三、资本形态变化对经济运行的影响

（一）马克思两大部类划分与三次产业划分的关系

由于马克思的两大部类划分具有高度综合性和抽象概括性，主要针对的是物质生产部门。而在实际经济生活中，人们往往习惯于按具体生产部门或产业结构进行分类和组织生产，诸如我国改革开放以前采用的农、轻、重划分法，还有国际上普遍采用的三次产业划分法。随着科学技术的突飞猛进，整个社会经济结构产生了巨大变化，第三产业（非物质资料生产部门）在整个国民经济发展总体中占据了举足轻重的地位。因此，在当前我国社会主义市场经济条件下，为了更好地坚持和运用马克思的两大部类协调发展的科学原理来指导我国当前的经济实践，则需厘清两大部类划分与三次产业划分的关系。

1. 二者的划分依据有着严格的区别

马克思两大部类的划分依据是社会产品的生产消费和生活消费这两种最终经济用途，并严格限制在物质生产领域；而三次产业的划分依据是社会生产活动的顺序，其中第一产业是指农业，包括农、林、牧、渔等行业，第二产业是工业，包括采矿业，原料加工业，制造业，电力、燃气及水的生产和供应，建筑业；第三产业是指除第一、二产业以外的其他行业，主要包括交通运输业、金融、商务服务业、居民服务、教育、文化等行业；此划分标准并不限于物质生产领域，还包括非物质生产领域。两个部类的划分和三次产业的划分是完全按照不同的两种标准进行的，因而它们所包含的行业内容就完全不一样。

2.二者具有的内在联系

首先，物质资料生产始终是人类生存与发展的基础。不论第三产业如何迅速发展，它都离不开对物质生产资料和消费资料的需求；并且第三产业的绝大多数部门活动所创造的价值都依附在生产资料和消费资料产品身上，例如运输、物流、广告、销售等服务型中间环节所创造的价值都能在各种物质产品的最终价值中体现出来。同时物质生产资料部门劳动生产率的提高为劳动力转移到第三产业提供了发展基础，物质资料生产的信息化、国际化、市场化也带动了第三产业中相关生产性服务业的发展。其次，两大部类是具体产业部门的高度综合和抽象。正如马克思所说："这两个部类中，每一部类拥有的所有不同生产部门，综合起来都形成一个单一的大的生产部门：一个是生产资料的生产部门，另一个是消费资料的部门。"① 因此，两大部类的相互交换其实就是通过各个具体产业部门之间的错综复杂的交换关系实现的。最后，物质资料的生产离不开非物质资料生产的介入。在现代社会生产中，不论是维持简单再生产或扩大再生产，仅有物质形式的产品的补偿和积累是远远不够的，例如，没有通信、交通运输、互联网、宣传、销售等一系列非物质生产性服务的介入，一般的物质资料生产将很难进行和维持。非物质资料的生产已日益发展为关系国民经济发展全局的重要产业。

总之，无论两大部类划分，还是产业划分，其划分的内容是社会的各个行业，从行业层面上来说，两大部类和三次产业包含的行业内容是一致的，只是划分时由于标准不同各自包含的行业不一样。

（二）资本形态变化与社会总资本的再生产

1.资本形态变化使两大部类的内容组成发生变化

由表 4-8 可以看出，美国三次产业中农业的中间需求率最高，84.8% 的农产品是作为生产资料为进一步生产服务的，其中 54.4% 投向了工业，23.0% 投

---

① 马克思.资本论（第 2 卷）[M].中共中央马克思恩格斯列宁斯大林著作编译局，译.北京：人民出版社，1975：439.

向了农业，7.4%投向服务业。工业的中间需求率次之，为56.5%，大多数工业产品也是为进一步生产服务的，其中34.2%投向工业，21.4%投向服务业，投向农业的仅占0.9%。服务业的中间需求最低，仅为38.1%，最终需求特征明显，其中29.0%的服务产出是为了服务业自身进一步生产服务的，8.8%的服务产出投向了工业，0.3%的产出服务了农业。总体看来，农业和工业的中间需求特征比较明显，在整个国民经济体系中主要起着生产资料生产的作用，从服务对象看，主要是为工业生产提供中间产品。

服务业的最终产品需求特征明显，在整个国民经济体系中主要起着消费资料生产的作用，其中间服务产品主要用于满足服务业进一步生产的需要。美国三次产业中服务业最终需求率最高，达到61.9%，其次是工业和农业，分别为43.5%和15.2%。从最终需求的结构来看，三次产业的最终需求都主要用于满足居民的消费需求，并且服务业最终需求中政府支出所占比重最高，达到12.7%，这是由于政府服务业主要满足最终需求是由政府支出的，而工业的其他需求所占比重较高，达到11.8%，主要与工业中固定资本投入量较大有关。

从服务业内部部门来看，中间需求率高于50%的部门包括商务服务业、交通仓储业、信息服务业、金融保险业，这几大部门为进一步生产服务的特征比较明显。10个其他服务部门中批发零售贸易的中间产品主要为工业服务，其他所有部门的中间产品都是投向服务业。从最终需求率来看，高于50%的部门有教育医疗、政府服务、休闲娱乐、批发零售贸易、其他服务业和房地产业。这几大部门为最终服务的特征明显。

表4-8　2004年美国三次产业及服务业内部部门需求构成

单位：%

需求\行业	中间需求率及其构成				最终需求率及其构成			
	农业	工业	服务业	合计	居民消费	政府支出	其他	合计
农业	23.0	54.4	7.4	84.8	15.3	−0.5	0.4	15.2
工业	0.9	34.2	21.4	56.5	26.4	5.3	11.8	43.5
服务业	0.3	8.8	29.0	38.1	43.9	12.7	5.3	61.9

需求 行业	中间需求率及其构成				最终需求率及其构成			
	农业	工业	服务业	合计	居民消费	政府支出	其他	合计
A	0.5	17.7	10.5	28.7	59.4	0.5	11.4	71.3
B	1.1	26.0	38.1	65.2	23.5	0.2	11.1	34.8
C	0.1	5.4	54.2	59.7	31.0	0.8	8.5	40.3
D	0.3	5.9	49.4	55.6	43.9	0	0.5	44.4
E	0.5	4.3	30.1	34.9	57.8	0	7.3	65.1
F	0.2	18.6	63.1	81.9	7.5	1.1	9.5	18.1
G	0.1	0.2	3.5	3.8	96.2	0	0	96.2
H	0.1	2.8	19.4	22.3	77.6	0	0.1	77.7
I	0.1	0.2	3.5	3.8	2.7	93.5	0	96.2
J	0.5	9.3	24.3	34.1	66.2	0	−0.3	65.9

注：A代表批发零售业、B代表交通仓储业、C代表信息服务业、D代表金融保险业、E代表房地产业、F代表商务服务、G代表教育医疗及其他服务业、H代表休闲娱乐、I代表政府服务业、J代表其他服务业。

资料来源：陈凯.《服务业内部结构高级化研究》.经济科学出版社，2009：44。

以上分析说明，服务业最终需求率高，主要为社会提供消费品，在经济结构中基本相当于马克思两大部类的消费资料部类。但从服务业中各行业来说，交通仓储业的中间需求率达到65.2%、信息服务业达到59.7%，远高于工业的中间需求率，金融服务业的中间需求率为55.6%，和工业的中间需求率大致相当，而商务服务业的中间需求率为81.9%，不仅远高于工业的中间需求率，甚至与农业相当。这说明在当代的生产资料供给中，除工业、农业以外，更重要的是新兴资本形态组成的生产性服务业的供给，并且生产性服务资本提供的产品或劳务直接用于工业和农业的生产过程，显著提高了劳动生产率，缩短生产时间，降低了流通费用，所以生产性服务业构成了当代生产资料的主要提供者。如果说从需求率来看，服务业的消费性更突出的话，从各部门占中间需求的比重及占最终需求的比重两个数字，能得出服务业也是重要的生产资料部门。2004年，美国工业、农业和服务业占社会中间需求的比重分别为37.0%，

2.0% 和 60.0%，也就是说，社会的中间需求有 60% 来自服务业，服务业是生产资料的主要提供者。

2. 保持比例的生产资料部门和消费资料部门的产业表现发生变化

首先，根据马克思的社会资本再生产理论，消费资料生产和生产资料生产保持一定的比例，社会总资本才能顺利再生产，而消费资料生产部门和生产资料生产部门主要是工业和农业两大产业，也就是说，组成工业和农业的各行业之间保持一定的比例关系，社会总资本的再生产就能顺利进行了。当社会发展到服务业成为主导产业时，社会总资本的再生产就不能只是工农业中各行业的比例合理了，必须考虑服务业资本加入的社会总资本再生产如何顺利完成。这一时期的农业，从它的中间需求率上看，农产品不再主要是消费品了，而是生产资料的提供部门了，只有少部分用于消费；工业依然是生产资料生产部门，但也有很大比重的产品是满足最终需求的，从表 4-8 可以看出，工业提供的生产资料占 56.5%，而消费资料占 43.5%；但服务业需要我们区别对待。服务业虽然独立于工农业，但从其产品的消费对象来看，服务业既向社会提供大部分消费资料，又向社会提供多数生产资料，所以，服务业产品一部分是用于生产生产资料的部门，如金融产业、房地产业、会计和法律服务业等资本形态，也就是生产性服务业，它们就可以直接归属于生产资料生产部门。而对于医疗、教育、政府等服务业，主要是用于消费领域，是消费服务业资本形态，它们就可以直接归属于消费资料生产部门。这样要使社会总资本再生产顺利进行就要使生产生产资料的工业、农业、生产性服务业与生产消费品的工业、消费性服务业保持一定的比例关系。

其次，在工业、农业和生产性服务业之间也要保持合理的比例关系。生产性服务业主要是为生产即工农业提供服务产品的，工农业的发展是生产性服务业发展的前提，生产性服务业的发展虽然能带动工农业发展，但其在一定时期的发展规模受制于工农业发展状况，必须与工农业保持一定的比例关系。脱离工农业单纯发展生产性服务业，会出现比例失调，甚至经济危机。

最后，到 20 世纪 50 年代后，社会的产业结构基本是工农业资本形态在社会中的比重不断下降，服务业资本形态不断上升，而到 80 年代后，这一变化也趋缓，一个国家或社会的产业结构调整主要体现在服务业内部的改变上，所以在一定程度上，马克思社会总资本再生产的顺利进行要求的两大部类保持一定比例关系，这时也就转化为服务业内部生产性服务业与消费性服务业保持一定的比例关系。服务业内部的比例关系也要协调。

（三）新资本形态与产业资本融合共生促进经济发展

1.服务业资本形态对产业资本的依赖

服务业资本迅速发展是产业资本发展的客观要求。科学技术的进步有利推动了产业资本的增长和劳动生产率的提高，这样一方面要求服务资本相应地发展，另一方面又为服务业的发展创造了有利的条件。①产业资本的增长相应地要求服务业资本的扩大。20世纪40年代后产业资本仍延续了20世纪40年代前的发展状况，以钢铁、汽车、石油等行业资本为主持续了一个短暂的增长时期，但这一增长是在第三次科技革命初始时期，采取了新的技术手段，不再是机械化过程，而是以自动化为主要手段，极大地提高了产业资本的劳动生产率。60年代采矿业的生产年增长率为4.9%，到70年代还能达到3.2%。[1]这就要求服务业资本相应扩大生产。如在产业资本增长时，运输业资本完成扩张市场的职能，在更广阔的空间进行商品流通以实现剩余价值，所以60年代美国的公路发展也非常迅速。到1980年发展到了394.5万千米，比1960年的331.3万千米增加了63.2万千米。[2]随着石油及其制造业的发展，与之相适应的管道运输也发展起来了。②产业资本劳动生产率的提高，为服务业资本发展提供了劳动力。服务业资本发展离不开劳动力的供给，正是由于产业资本形态的劳动生产率提高，使其资本有机构成提高，生产中的不变资本需要量增大了，但可变资本的需要量减少了，于是从产业资本运动过程中产生出了大量剩余劳动力，因此这些劳动力有可能转入服务业资本运动过程，从而促进服务业资本的发展。从1960年到1983年，美国第一、二产业的产值实际增长率分别为29%和86%，但这两大产业资本需要的劳动力并没有保持同步增长，第一产业反而减少了11.8万人，而第二产业也仅增加了269.4万人，增长率为13.7%。所以，资本有机构成使原产业资本中的就业人数减少。但同时，美国总的就业人数增加了3436.4万人，其中92%以上集中在了服务业资本。[3]可见，服务业

① 章嘉林.变化中的美国经济[M].上海：三联出版社，1987：59.
② 章嘉林.变化中的美国经济[M].上海：三联出版社，1987：60.
③ 章嘉林.变化中的美国经济[M].上海：三联出版社，1987：61.

资本是产业资本中分离出来的劳动力的吸收者，也是新就业机会的提供者。③产业资本的技术密集程度提高促进了服务业资本的发展。在科学技术革命的作用下，原产业资本的技术密集程度又进一步提高，这对劳动者的素质提出了更高要求，这一提高劳动力素质的过程不能在产业资本运动的过程中完成，所以劳动者通过教育、职业培训等方式适应生产的复杂程度。于是相应的教育和社会服务业资本发展起来了。

2. 生产性服务业资本改变着产业资本的生产方式

生产性服务业资本是为生产提供服务的资本形态，它提供的服务是一种中间性投入品，不是为最终消费提供服务的。从生产性服务业资本功能的角度对生产性服务资本进行分类，其主要包括保险业资本、金融资本、房地产资本、会计法律服务资本、工程资本、混合性商业服务资本等。生产性服务业资本具有创新性、知识性、专业性等特点，是企业活动在社会分工的作用下独立而产生的，是商品生产的中间环节，这些中间环节的存在在各个方面发挥着重要的作用，极大地提高了资本的劳动生产率和经济增长效率。新兴的生产性资本形态在这些年中也得到了快速发展，使得生产性资本形态成为服务业增长中的主导行业。有调查表明，1997年的美国公司年收入在8000万美元以上的服务开支增加了26%，信息技术服务占全部费用的30%，人力资源服务占16%，市场和销售服务占14%，金融服务占11%。在欧洲，企业对信息技术服务的开支也是增长最快的，主要国家有英国、法国和意大利。在日本，通产省在1997年的调查表明，工作培训（20.1%）、信息系统（19.7%）、生产方法（17.4%）、会计和税收（4.0%）、研发（13.7%）等服务也是外部采购的主要项目①。

产业资本和生产性服务业资本相互之间的依赖程度日益加深，在产业层面的表现就是制造业和生产性服务业出现了产业融合的趋势。尤其是随着科学技术的发展和广泛应用，传统意义上的制造业与生产性资本的边界越来越模糊，二者之间表现为你中有我、我中有你的融合趋势，且这一趋势不断强化。生产性服务业资本与制造业资本的融合，使制造业出现服务化的特征，主要体现在如下方面：① 20世纪40年代后出现的新工业资本，如计算机、通信设备、医药化工等行业资本，其产品是为了提供某种服务而生产。②产业资本的服务业资本联合，服务随同产品一起生产、出售。比如知识和技术服务等，当前规模

---

① 李善同，陈波.世界服务业发展趋势 [J].经济研究参考,2002（1）：84.

最大、最能体现产业融合的就是计算机与信息服务紧密结合在一起，形成信息服务业资本。③生产性服务业资本为产业资本的生产提供新技术、研发新产品，并使产业资本的生产环节进一步专业化，提高社会总资本的劳动生产率。生产性服务资本的需求与供给引导着产业资本的技术进步和产品开发方向，产业资本正在迅速卷入服务业资本当中，加入专业化基础生产环节的服务越来越多，包括延期付款、租赁、培训、服务合同、咨询服务等，以通过新的服务领域来获取竞争优势。同时，在商品直接生产环节缩减，劳动者在生产过程中大多数从事的生产工作为服务劳动，如研发、维修、设计等。可见，领先的产业资本都是在其传统生产环节上通过增加服务活动获取竞争优势的，生产性服务是产生差异性进而获取利润的主要手段。现代经济中的产业资本也越来越多地依赖生产性服务资本为它提供重要的竞争手段，制造业逐步服务化。

在以服务业为主体的服务产业化和以制造业为主体的制造业服务化的共同作用下，制造业与服务业渐次融合。20 世纪 90 年代以来信息技术推动下的服务业与制造业的融合，突出表现为二者之间新型的竞争与合作关系，与以往任何阶段相比，彼此联系更为紧密，分工更加深入。

四、资本形态变化改变劳动者地位

（一）资本形态变化对劳动就业的影响

1. 劳动就业更多地集中在新资本形态中

随着产业结构的调整，在整个国民经济中第一、二产业的比重不断下降，而服务业比重显著提升，服务业就业增加的同时，新的资本形态行业内的就业也不断调整增长。

美国在 20 世纪 40 年代后，农业就业人口和比重继续下降，到 1950 年农业的总人数已下降到 335.53 万人，农业就业比重下降到 6.4%。到 1983 年农业就业人口下降到 262.1 万人，比重下降到 2.7%。工业部门的就业人数处于上升状态，但相对数却一直下降，但从 70 年代开始，工业部门的就业人数和比重都出现缓慢下降。与工农业不同，服务业自 50 年代开始就业人数与比重开始迅速上升，1950 年服务业就业比重就上升到了 59.9%，70 年代后很快到 2/3 以上，而就业人数增加到 5442.05 万人，① 即使在七八十年代经济衰退时期，就业人口也在增加。从表 4-9 看出，自 90 年代新经济开始后，由于第一产业的劳动比重已经非常小，占全部就业的比重低于 3%，所以变化不大，劳动就业结构的调整主要是第二产业与服务业之间的调整。大体是第二产业就业比重缓慢下降，而服务业就业比重仍在缓慢上升，并且第二产业流出的劳动者大多数在服务业中再次就业。但从 21 世纪以来，美国就业结构调整剧烈，第一产业就业比重从 2.3% 下降到了 2007 年的 1.4%，就业比重下降较快。而第二产业上升了 2.1%，从 2001 年的 18.5% 上升到了 2007 年的 20.6%，服务业下降了 1.2%，从 2001 年的 79.2% 下降到了 2007 年的 78%，但这一调整并不影响服务业在国民经济中的主导地位。

表4-9　1990—2007美国劳动就业在三次产业中的分布

单位：%

年份	第一产业	第二产业	第三产业
1990	2.7	26.1	72.1
1993	2.6	23.1	74.4
1997	2.7	22.3	75.1
2000	2.6	18.9	78.4
2001	2.3	18.5	79.2
2005	1.6	20.6	77.8
2007	1.4	20.6	78.0

资料来源：美国劳工部网上数据整理而成。网址：http//www.bls.gov。

2. 劳动集中在新资本形态中改变了劳动的形式，增加了收入

进入 21 世纪后，劳动在三次产业间的分配比例大致维持在了一个固定的水平，变化不大。但劳动在服务业内部各行业资本形态中的调整却是非常明显的此消彼长，变化剧烈。从表 4-10 可看出，在服务业总体就业人数增加的同

---

① 章嘉林.变化中的美国经济 [M].上海：学林出版社，1987：45.

时，商业餐饮旅店业、交通运输通信业和政府服务业的就业比重出现了明显下降，商业餐饮旅店业的就业比重下降了 2.8%，交通运输通信业的就业比重下降了 2.1%，政府服务业下降最快，为 5.4%。而金融保险业的就业水平基本维持不变。房地产租赁及商务服务和医疗教育及社会服务的增长是最为突出的，房地产租赁及商务服务增长了 6.6%，医疗教育及社会服务增长了 3.8%。这一变化说明劳动在社会中的重新分配不是在一、二产业和服务业之间的分配，而是在服务业内部各行业资本形态之间重新进行分配，同时一、二产业的劳动比例相对稳定，说明当代劳动的主要形式不再是以传统的生产过程的劳动为主，而是以服务劳动为主，劳动形式改变了。

表4-10　美国服务业内部各行业的就业构成

单位：%

行业	1979 年	1984 年	1989 年	1994 年	1999 年	2004 年
商业餐饮旅店	32.5	33.2	32.3	30.7	30.2	29.7
交通运输通信	7.9	7.1	6.6	6.2	6.3	5.8
金融保险	5.4	5.8	5.8	5.5	5.4	5.3
房地产租赁及商务服务	9.9	12.3	14.6	15.5	17.5	16.5
医疗教育及社会服务	32.4	31.9	32，2	34.0	34.0	36.2
政府服务	11.9	9.8	8.6	8.0	6.7	6.5

资料来源：美国劳工部网上数据整理而成。网址：http//www.bls.gov

美国信息社会到来的标志，不仅是第一、第二产业在其国民经济结构中所占比例的下降，第三产业所占比例的迅速上升，而且在职业类型的变化方面，即白领工人和蓝领工人的比例变动上也有鲜明的体现。根据有关统计数字，1920 年以后，美国白领工人一直是增长最快的社会职业集团。如表 4-11 所示，从就业人数看，1950 年美国白领工人首次超过了蓝领工人的就业人数。20世纪 40 年代后，白领工人的增长幅度更是大大超过了蓝领工人。仅在 1950—1960 年的十年内，白领工人就净增长了 5.4 个百分点，而蓝领工人在此期间则下降了 3.9 个百分点。在白领工人中，专业和技术人员的增长幅度最大，除职员一类人员与之相等外，经理、企业主以及售货员的增长幅度都不如专业技术人员。可见在 20 世纪 40 年代后白领工人超过蓝领工人的同时，在白领工人中，知识程度较高的专业技术人员大量增加。

　　劳动形式是服务劳动，劳动内容是无差别的脑力劳动，这就改变了劳动者的收入状况，提高了劳动者的收入水平和生活水平。虽然在 20 世纪 80 年代服务业兴起后，一些学者认为服务业的劳动生产率低，服务业从业人员的工资水平低于制造业，将拉低人们的生活水平。但要认识到，服务业中行业差距大，收入自然差距也大，但不能否认服务业中比重最大的是生产性服务业，它是现代服务业的主要组成部分，生产性服务业从业者的收入自其产生开始就是高收入水平的，是远高于传统服务业的收入水平的。美国 1974—1985 年十年间，服务业中就业增长最快的 10 种职业中，有 6 种职业的平均周工资是低于美国工人的平均周工资的。[①] 这 6 种服务业资本形态分别是收银员、看门人与清洁工、卡车司机、侍者、卫生护理员和零售业店员，这些行业都是传统服务业。而同时会计与审计员、教师、护士和批发业推销员的工资都远高于美国工人的平均周工资，这些人从事的行业是生产性服务业。这一状况随着生产性服务业的发展进一步提高着从业者的收入。90 年代后这一特点更为清晰，1993 年会计、工程研发服务从业者的平均薪资收入是 40323 美元，到 1998 年增长为 44707 美元；计算机及数据服务业的平均薪资收入是 68136 美元，到 1998 年则增长到 176164 美元；法律服务业的薪资水平由 1993 年的 35086 美元增长到 1998 年的 41273 美元。而这一时期服务业整体平均收入水平在 1993 年为 24908 美元，1998 年为 35244 美元。[②] 这表明，从总体上说服务业的平均工资水平在不断上涨，提高着人们的收入水平；而生产性服务业的收入水平增长远高于服务业的增长速度，而生产性服务业在服务业中是不断增长的行业资本，传统服务业是不断下降的行业资本，所以可以得出结论：服务业中就业的增长改变劳动形式，增加了劳动者收入。在一定程度上说，发达国家中产阶级的出现和服务业的发展紧密相连。

① 章嘉林.变化中的美国经济 [M].上海：学林出版社，1987：79-81.
② 李清娟.产业发展与城市经济政府战略管理（第一辑）[M].上海：三联出版社，2007：33.

表4-11　1940—1960年美国白领工人和蓝领工人的分布

单位：%

职业		1940 年	1950 年	1960 年
白领工人	专业技术工人	7.5	8.6	10.8
	经理企业主	7.3	8.7	10.8
	职员	9.6	12.3	14.5
	售货员	6.7	7.0	6.5
蓝领工人	技术工人	12.0	14.4	12.9
	操作工	18.4	20.4	18.6
	劳力工	9.4	6.6	6.0

资料来源：根据《美国历史资料统计》计算而来。

（二）资本形态变化前劳动对资本的从属

在资本的循环周转中，劳动这一生产资本的表现形式之一也在进行着循环周转。劳动要与生产资料相结合，才能进行生产。在生产剩余价值中它发挥着主导作用，但相对于资本来说，它却处于从属地位，这种从属性体现在两个方面，一个是形式上的从属性，一个是实质上的从属性。

1.劳动对资本的形式从属

劳动对资本的形式从属是资本主义生产过程中劳动与资本关系的一般形式，这一从属关系符合任何私有制下劳动与生产资料所有者的关系。从历史上看，任何以生产资料私有制为基础、以劳动者同生产资料分离为一般特点的经济制度下，直接生产者的劳动都要从属于生产资料的所有者。所以，劳动从属于资本只是在资本主义生产过程中表现出了自己的特定形式而已。

第一，劳动对资本形式上的从属首先表现为劳动与资本是一种纯粹的经济关系，直接体现在劳动生产过程中。资本家要进行资本主义生产过程，必须在市场上购买到一定的劳动力，资本所有者与劳动力所有者进行交换，在这场交换中，劳动者是具有人身自由的，拥有自己劳动力的所有权，资本家作为货币所有者，购买劳动力。因此从所有权上看，双方都以商品所有者的身份相对等，按等价原则进行交易，用等价物交换等价物。在交换过程中双方不存在人身依附关系，不存在政治的、社会的从属关系。劳动对资本的从属关系，只是由劳动力的买卖产生的。在市场上，劳动者出卖自己的劳动力，取得了生活资料，资本家购买劳动力为了在生产中取得剩余价值，双方都为了自己的特殊利益结合在一起。从形式上看，它同一切商品交换所产生的从属关系是相同的，只是商品所有者同他买到的商品的关系，"商品交换本身除了包含由它自己的性质所产生的从属关系以外，不包含任何其他从属关系"①。可见，劳动对资本的从属，首先是指与其他从属关系有着根本不同形式的从属，是一种纯粹的经济关系。

交换完成后，进入生产过程，这一生产过程也体现的是劳动对资本的形式上的从属。资本主义剩余价值生产过程首先是劳动过程，这一劳动过程和资本主义以前任何社会的劳动过程无异。如果劳动时间内消耗的全部劳动创造出的新价值，资本家全部支付给劳动者，这就是一个价值形成过程。但是，资本家为了获得剩余价值，只能延长劳动时间，使劳动者新创造的价值超过劳动力价值，才能产生出剩余价值。但剩余价值生产只是延长的生产过程，劳动与资本的关系是一种形式上的从属。

第二，剩余劳动或剩余产品不是资本的追逐目标，劳动从属于追求剩余价值的资本。不论何种生产方式，只要存在着生产资料垄断权，劳动者，无论是自由的或不自由的，都必须在维持自身生活所必需的劳动时间以外，追加超额的劳动时间来为生产资料的所有者生产生活资料。所以，尽可能多地占有剩余劳动，是任何私有制的实质性内容。但是在资本主义以前的各种经济制度下，由于商品经济不发达，产品的交换范围不广，还不占统治地位，生产资料的所有者直接占有剩余劳动或剩余产品，满足自己对生活资料的需求，从而使劳动者的劳动直接从属于自己。进入资本主义社会后，资本要获得的不再是生活资料，而是剩余价值。资本首先必须完成剩余劳动创造剩余产品的过程，只有这样才能达到资本榨取无酬劳动的目标，获得剩余价值。从直接生产者身上榨取无酬剩余劳动本身就是一种统治和从属关系，这种关系是直接从生产本身产生的。资本利用剩余劳动生产剩余产品，只是由于剩余产品是剩余价值这种独特

① 马克思.资本论（第 1 卷）[M].中共中央马克思恩格斯列宁斯大林著作编译局，译.北京：1975：190.

经济形式的物质表现，成为资本达成最终目的的一个环节，将物质形式的剩余产品出售，以货币的形式将其价值收回，资本就获得了剩余价值。所以，在资本主义生产过程中，劳动对生产资料所有者的从属表现为劳动对自行增殖的资本的从属，其实质和以往任何私有制社会中的劳动和生产资料所有者的关系是一样的，只是形式上的区别而已。

第三，资本主义劳动过程是在资本家及其代理人的监督、管理下进行的，这也是劳动对资本的形式上的从属的表现。劳动者出卖给资本家的是劳动力，不是劳动本身，但劳动力不能离开劳动者而独立存在，所以出卖了劳动力的劳动者，在劳动时间内受资本家的支配，在资本家或其代理人的监督管理下进行劳动。因此，劳动者在资本家的监督下劳动，是劳动在形式上从属于资本在资本主义生产过程中的进一步表现。资本家进行监督管理，使劳动正常进行，使生产资料用得合乎目的，即原料不浪费，劳动工具受到爱惜，完全是为了保存和增殖资本的价值，因为这种保存和增殖只有通过最合乎目的的、最准确的实际劳动过程才能实现。

综上所述，在资本主义生产过程中劳动对资本的从属，首先是形式上的从属。一方面是由于资本主义生产和以前私有制为基础的生产过程中发生的从属关系在内容上是相同的；另一方面，资本主义生产在形式上有自己的特殊性。资本主义的劳动和资本这种从属和统治关系代替了奴隶制、农奴制、臣仆制、家长制等从属关系，发生的只是这种关系的形式上的转化。所以马克思称之为劳动在形式上从属于资本。

2.劳动对资本的实质从属

由于生产资料和劳动者的分离，才产生了资本主义生产过程中的劳动对资本的形式上的从属，所以生产资料的资本主义占有和劳动对资本的形式从属，是资本主义生产关系直接的、现实的表现。而资本对剩余价值的追逐才形成劳动对资本的实际从属。这一实质性从属首先是由劳动力商品的特殊性决定的。劳动力作为一种商品，其特殊性表现在其使用价值上，对劳动力这种商品的使用，就是消耗劳动者的脑力和体力创造价值的过程，资本必须和劳动相结合，才能完成价值创造。而劳动力是蕴含在劳动者体内的劳动能力，要使劳动力成为资本可以购买到的一种商品，必须满足两个条件，一是劳动者除了劳动力以外没有任何可以借以生存的生产资料，二是劳动者有人身自由，可以自主出卖自己的劳动力。其次，劳动者生产的最终剩余产品归资本家所有。资本家占有了生产资料，同时获得了劳动的使用权，劳动力一经出售，一定时期内的劳动力使用权就归资本家所有。资本家在掌握了生产资料和劳动力使用权后，监督劳动者进行劳动，既消费了生产资料，也消费了劳动力，所以资本家把他购买的生产资料和劳动力当作自己所有的东西，并使它们结合起来，发生作用，这种作用的结果、生产出来的新的使用价值，在资本家看来自然是属于他的。资本主义生产关系的体系最终全面建立起来，并使劳动在实质上从属于资本。

劳动实际从属于资本，是资本主义生产关系的本质表现。资本的本质在于榨取剩余价值。从劳动在形式上从属于资本这一角度上说，资本家只能通过延长工作日等手段获得剩余价值，也就是绝对剩余价值生产，绝对剩余价值生产有其局限性，相对于资本无限追逐剩余价值的趋势，延长工作日是有限的，对剩余价值追逐无疑是一种直接的限制。但是，随着资本主义生产力的发展，尤其是科学技术的革命，资本不仅可以获得绝对剩余价值，而且通过生产方式的改变获得了相对剩余价值。相对剩余价值是在不改变劳动时间的前提下，通过缩短必要劳动时间相应延长剩余劳动时间的方法来获得的，在这种剩余价值生产方法下，一方面可以看到劳动服从资本的目的生产剩余价值，另一方面，资本改变生产方式，缩短必要劳动时间也就在降低着劳动力的价值，这直接看出劳动对资本的实质性从属。一旦越来越多的相对剩余价值的生产普遍地成为生产的直接目的，劳动对资本的形式上的从属就发生了质变，劳动在实质上从属于资本。只有当特殊资本主义生产方式发展起来以及劳动对资本的实际上的从属随着这种生产方式也发展起来的时候，资本主义生产方式才得到实现。据此，我们说只是到了劳动在实际上比较充分地从属于资本，即到了机器大工业阶段，资本主义生产关系才成熟起来。

（三）劳动力资本影响劳动对资本的从属

1. 劳动转变为劳动力资本

在生产以追逐价值增殖为目的的前提下，劳动与资本的对立统一关系是根本性的，这是由生产方式决定的。在机器化大生产下，"所有发达的机器都由三个本质上不同的部分组成：发动机、传动机构、工具机或工作机"，①"工具机是这样一种机构，它在取得适当的运动后，用自己的工具，来完成过去工人用类似的工具所完成的那些操作"，②机器生产是代替工人的手工劳动的，并且"人能够同时使用的工具数量，受到人天生的生产工具的数量，即自己身体的器官数量的限制"，"但工作机同时使用的工具的数量，一开始就摆脱了一个工人的手工工具所受到的器官的限制"。③工作机上同时作业的工具数量增加使生产规模扩大，降低生产成本，具有规模效益。生产规模扩大，对商品的需求（无论是生产需求还是消费需求）剧增，这时商品的差异性降低，生产开始标准化。

大规模、标准化生产方式下，工人的劳动力是简单的、标准化的，是可以任意替代的。虽然劳动者创造了价值，甚至是比自身劳动力价值大得多的价值，劳动依然从属于资本。在市场经济条件下，劳动力成为商品，劳动者出售自己的劳动力，资本所有者购买劳动力，获得劳动力的使用权。所以资本所有者完全占有生产所需要的一切要素，自然就占有了组织生产资料与劳动者结合的权利，劳动者在资本所有者的监督下进行劳动。在最终产品分配时，资本所有者获得剩余价值，劳动者只获得相当于劳动力价值的工资收入，不能获得剩余价值。在整个生产过程中，资本拥有生产资料和最终剩余价值的所有权、劳动力的使用权，从而拥有所有、占有、支配、使用等权利体系。而劳动无任何产权可言。同时，劳动力这种商品与一般商品有所不同，劳动力的使用不能与劳动者本身相分离，因为劳动的能力存在于劳动者的身体之中，所以劳动者出售的实际是一种特殊的财产权，即劳动力的使用权。劳动力的所有权属于劳动者，使用权属于资本所有者，但又由于劳动力蕴含在劳动者自身中不能分离，资本所有者不得不支付高昂的监督成本和管理成本，劳动者和资本所有者之间就存在着对抗关系。

随着科学技术的发展，尤其是计算机技术的发展，极大改变了大机器生产方式。在生产前、生产中及生产后计算机都极大地改变了生产方式，使生产方

---

① 马克思.资本论（第1卷）[M].中共中央马克思恩格斯列宁斯大林著作编译局，译.北京：人民出版社,2004:429.

② 马克思.资本论（第1卷）[M].中共中央马克思恩格斯列宁斯大林著作编译局，译.北京：人民出版社,2004:429.

③ 马克思.资本论（第1卷）[M].中共中央马克思恩格斯列宁斯大林著作编译局，译.北京：人民出版社,2004:429.

式走向自动化、信息化。比如，在生产前，劳动者可以通过计算机辅助分析，将产品图形或图片呈现在计算机显示屏上进行描述，以使生产过程更可靠、更高效。同时计算机辅助分析造成了信息量大增，形成信息库，这些信息库是关于工厂开发或生产产品的。此外，功能强大、价格便宜的计算机，使客户需求和产品之间有了更多直接联系，订单和需求开始多样化。制造业走向定制、个性化生产。自动化、信息化虽然没有从质上改变资本生产方式，但生产方式在量上的变化，使劳动和资本的关系发展了变化。

在制造业走向定制、个性量化生产时，直接生产不再是资本的最重要的部分，直接生产前的产品设计和开发以及售后的产品安装、维修重要性突出，或者说生产的内涵扩展至产品设计研发、生产、安装维修，这些共同组成了产品生产，每一个环节都是复杂劳动。在这样的生产方式下，劳动者的劳动力不再是简单的、标准化的，此时的劳动力是附于劳动者体内的知识、技能、智慧等内容，劳动力的使用是创造性的劳动，劳动力由原来生产中的依附要素获得资本地位，成为劳动力资本。

2.劳动力资本获得剩余索取权

劳动力成为资本便对生产中的产权有了诉求，相应地也要求获得剩余索取权。20世纪西方各国不断完善劳动力产权制度，主要采用了利润分享制、企业所有权分享制、企业管理权分享制等。在利润分享制下，企业除完全按市场价格付给职工固定工资，年终时又从纯利润中按预先确定的比例，在职工中进行分配。利润分享制使劳动者能够获得小部分剩余价值，拥有了剩余索取权。在企业管理权分享制下，职工选出代表参与经营管理，劳动者获得一定的经营管理权。在企业所有权分享制下，企业职工通过获取企业一定份额的股份，以企业股东的身份可以分享红利及股票价值增殖，还可以以股东身份参与企业决策与管理等，劳动者根据自己股份的多少有了一定的所有权。这在一定程度上完善了劳动力产权制度，调动了劳动者的积极性，提高了劳动者地位，减少了劳资对抗及其产生的社会问题。但这些产权制度安排，只在很小的程度上改变了劳动力产权结构，劳动者享有的权利依然从属于资本产权，只有使劳动力产权与资本产权处于平等的地位，彻底消除劳动力产权对资本产权的依附地位，才能进一步清除这种对抗及其产生的社会问题。

3. 劳动力成为资本改变了资本积累规律的一般表现形式

资本积累的一般规律表明，随着资本积累就会出现产业后备军，这是资本主义发展的必然结果，是资本主义发展的客观规律。资本积累的规模越大，产业后备军越大，经常失业的人口就越多，产生恶性循环，他们越是失业，也就越贫困。资本积累造成了一方积累财富，另一方积累贫困。马克思在分析资本积累时是和资本有机构成结合在一起的。资本有机构成的提高，改变了生产中的技术水平，提高了劳动生产率，加速了资本积累。资本的本性不断要求资本有机构成的提高，生产中的不变资本数量增加，但可变资本的数量减少，技术水平越高，不变资本的需求越少，失业人口就越多，工人的处境就越恶劣。但服务业资本形态的壮大改变了这一规律的表现形式。

资本有机构成的提高首先没有导致越来越多的工人失业反而增加了就业，在一定程度上缓解了社会矛盾。在资本主义条件下，物质生产部门的资本有机构成提高会使大批工人沦为失业者导致社会矛盾激化。但 20 世纪 40 年代后的事实却是，资本有机构成提高一方面使原产业资本对劳动力需求减少，另一方面，资本有机构成提高是科学技术发展的结果，而科学技术的发展又造成了许多新的行业部门的产生，为劳动者提供了新的就业机会。工农业产业资本中的就业人数在总就业人数中的比重不断下降，工业和农业的就业人口比重还不足总就业人口的 22%，所有从工农业资本中转移出来的劳动者都在服务业中就业，而服务业不以传统服务业为主，而成为以新资本形态存在的服务资本，如生产性服务资本。此外，新资本形态创造了服务资本形态，也改变着工农业产业资本生产的内容，产生新的行业层面的产业资本形态，也为劳动者提供了新的就业机会。新科学技术创造了新的工业资本形态，如信息服务业相关的计算机、半导体、软件生产、工业机器人生产、生物医药、新材料生产、新能源生产等，这些内容属于产业资本的形态。资本有机构成的提高增加了产业资本的内容，提高了就业机会。

资本有机构成提高的又一个意外结果是中小企业的发展，中小企业的崛起对资本积累表现形式的瓦解不仅是就业机会的增加，更重要的是劳动者凭借技术能力从被雇佣者转变为雇佣者，产生了大大小小无数的小资本所有者，获得了利润，摆脱了贫困。首先，科学技术的发展涌现出了一些新资本形态，如电子计算机工业、生产技术工业、激光工业等，这些新兴工业要求企业必须有以下特点：一是相对集中较多的科技人员从事新技术的研发和应用；二是管理层少，决策迅速，这样就使资本投资量少，中小企业发展起来了。其次，科学技术的发展，使劳动工具简化，为中小企业的发展提供了物质技术基础。中小企业发展在财富上的增长可以通过平均每美元取得的销售额进行比较。1979 年，美国采矿业百人以下中小企业的平均每美元取得的销售额为 1.227 美元，而百人以上的企业取得的销售额为 1.016 美元；批发业中小企业为 2.847 美元，百人以上企业为 2.780 美元；运输通信业中小企业为 1.889 美元，百人以上企业为 1.550 美元；服务业中小企业为 1.985 美元，百人以上企业为 1.896 美元。[①]因此，中小企业的创利水平是高于大企业的，使小资本获得了大量的社会财富，而这些小资本是由原来掌握科学技术的劳动者转化而来的，中小企业的发展改变了劳动者被雇佣、从属于资本的地位，并且使劳动者获得了财富，增加了收入。这就在一定程度上改变了资本积累规律的一般表现形式。

---

① 章嘉林 . 变化中的美国经济 [M].上海：学林出版社，1987：146.

第五章　我国产业政策走向

马克思资本形态及其流通理论说明了服务业的本质，其发展规律由资本决定，西方资本主义国家服务发展演变，对我国服务业发展提供了一定的借鉴。同时，由于国内国际形势的变化，"十四五"规划提出了构建以国内大循环为主体、国内国际双循环相互促进的新发展格局，因此2020年以后的产业政策调整就尤为重要，使三次产业首先立足于国内市场，同时积极参与国际竞争，提升产业竞争力成为产业政策的走向。

一、创新是产业政策的核心

习近平在党的十八届五中全会第二次全体会议上提出创新、协调、绿色、开放、共享的发展理念。新发展理念符合我国国情，创新解决发展的动力，协调解决发展中的不平衡问题，新发展理念对我国产业政策的制定起着引导作用，也引导我国产业的发展。

创新是新发展理念的首要内涵，是要解决发展的动力问题，符合我国经济发展现实。我国长期以来市场和资源都严重依赖国外，虽号称"世界工厂"，但关键技术诸多受制于人，产品附加值低，同时资源耗费大，成本高，国际竞争力低，创新成为三次产业发展的重中之重，是产业政策的核心。

2012年，党的十八大提出创新驱动发展战略，2015年"十三五"规划中提出了实施创新驱动发展战略，主要包括研究与试验发展经费投入强度、每万人口发明专利拥有量、科技进步贡献率、互联网普及率四个方面的内容；《中国制造2025》提出我国制造业以促进创新发展为主题，把创新作为制造业发展的核心，突破重点领域的关键技术，制造业实现数字化、网络化和智能化；"十三五"规划提出构建农业现代化，农业的创新主要体现在健全现代农业科技创新推广体系、加强农业与信息技术融合，发展智慧农业等方面。从创新驱动战略到制造业、农业的创新可以看出，其实质是发展科学技术的基础上，使制造业、农业充分利用科学技术提高生产效率，而在科学技术的使用过程中，制造业、农业相关服务业得到发展。"十三五"时期也加快发展优质高效的服务业，其产业政策也立足于创新，主要体现为推动生产性服务业向专业化和价值链高端延伸、生活性服务业向精细和高品质转变。

2020年《中共中央关于制定国民经济和社会发展第十四个五年规划和二

零三五年远景目标的建议》指出"十四五"规划时期经济社会发展依然要坚持创新驱动发展。这就决定了产业政策的核心依然是创新。在制造业中发展壮大新兴产业，包括信息技术、新能源、生物技术、新材料等产业；在农业中，强化农业科技和装备，健全动物防疫和农作物病虫害防治体系，推动农村一二三产业融合发展；现代服务业主要引导研发设计、现代物流、法律服务、数字化服务等方面的发展，使其与制造业、农业相融合，创新制造业、农业的生产方式，提高生产效率。

二、协调产业发展的实体经济政策

党的十九大报告指出，建设现代化的经济体系，必须把经济发展的着力点放在实体经济上。实体经济是相对于虚拟经济而言的。马克思在分析银行资本的组成时指出，银行资本中的公共有价证券是由生息资本发展成为虚拟资本的，一定量的资本会带来一定量的利息，只要是固定的收入，第一步，即可把这种收入的货币转化为利息；第二步，再把这些利息看成由多少量的资本带来的；第三步，在推算出这个资本量以后，把该项所有权证书看成这个资本量的代表，这样，虚拟资本就形成了。由此可见，一个社会中虚拟资本占主导地位时，就成为虚拟经济，也就没有了物质资料的生产交换，一个社会的经济就会崩溃。在产业发展过程中，由于资本需求量加大，金融业成为发展速度最快、规模最大的行业，而金融业的资本大部分是虚拟资本，所以，产业政策中对金融业要加以引导，避免虚拟资本过度发展，促进生息资本的增长，满足一二三产业对资本的需求量。

产业资本在循环运动过程中某些环节独立出来，形成服务业，主要是生产性服务，在社会资本再生产过程中，工业、农业和服务业必然保持一定的比例，产业政策在促进服务发展时，必须使其保持一定的规模，不能盲目扩大其规模。

三、当代产业政策的主要内容

首先，大力发展现代服务业，尤其是生产性服务业。以产业升级和提高效率为导向，发展工业设计和创意、工程咨询、商务咨询、法律会计、现代保险、信用评级、售后服务、检验检测认证、人力资源服务等产业。深化流通体制改革，促进流通信息化、标准化、集约化，推动传统商业加速向现代流通转型升级。加强物流基础设施建设，大力发展第三方物流和绿色物流、冷链物流、城乡配送。实施高技术服务业创新工程。引导生产企业加快服务环节专业化分离和外包。建立与国际接轨的生产性服务业标准体系，提高国际化水平。

其次，促进教育培训、体育健身、健康养老、文化娱乐等非生产性服务业发展。大力发展旅游业，深入实施旅游业提质增效工程，加快海南国际旅游岛建设，支持发展生态旅游、文化旅游、休闲旅游、山地旅游等。积极发展家庭服务业，促进专业化、规模化和网络化发展。推动生活性服务业融合发展，鼓励发展针对个性化需求的定制服务。支持从业人员参加职业培训和技能鉴定考核，推进从业者职业化、专业化。实施生活性服务业放心行动计划，推广优质服务承诺标识与管理制度，培育知名服务品牌。

最后，营造激励创新的市场竞争环境，清理妨碍创新的制度规定和行业标准，加快创新薄弱环节和领域立法，强化产业技术政策和标准的执行监管。增加财政科技投入，重点支持基础前沿、社会公益和共性关键技术研究。落实企业研发费用加计扣除和扩大固定资产加速折旧实施范围政策，强化对创新产品的首购、订购支持，激励企业增加研发投入。强化金融支持，大力发展风险投资。更好地发挥企业家的作用，包容创新对传统利益格局的挑战，依法保护企业家财产权和创新收益。

结　论

随着发达资本主义国家服务业在经济中所占的比重越来越高，并且成为经济发展动力，发展中国家不断学习发达国家的经验，促使本国服务业发展。但我们必须要从源头上理清服务业的发展根源，在借鉴国外的经验时才不至于走弯路、犯经验主义的错误。马克思的资本和资本流通理论是正确解决这一问题的理论，从资本形态及资本流通理论人们可以得出以下结论。

一、马克思资本理论依然是现代经济建设的理论基础

马克思资本理论以资本主义社会作为研究对象，说明了这个社会发展的一般规律和趋势，其真正的理论价值在于它是剥开千变万化的商品现象，找到了这一社会经济运行的实质。资本从现象上说是一种商品，是为了追求利润最大化，正是由于这样一种高度的概括，它能够穿透时空，具有与时俱进性。继发达国家服务业发展为中流砥柱后，发展中国家不断地效仿。而马克思资本理论体系既是一个剖析和描述社会生产方式性质、商品经济发育程度以及市场经济发展趋势的经济学理论，又是一个揭示和阐述社会经济结构变迁的唯物史观的基本理论，还是一个展示和再现马克思认识以及参与人类社会历史发展进程的实践过程。如何在现代市场经济环境中，认识服务业、发展服务业从而使资本更好地为中国社会主义市场经济服务，为人类的进步服务，这是马克思资本理论与时俱进的品格和能力的体现。而马克思所论述的资本本性使资本在当代发生了如此变化，所以在当代，资本理论不仅是一个重大的理论问题和学术问题，同时市场经济建设中，资本已成为最重要的经济范畴被社会广泛地接受和实践，并在经济社会的发展过程中发挥着越来越大的作用，因而资本理论更是一个现实的社会课题。

二、科学技术的发展为资本形态的变化提供了必要条件

科学技术的发展为资本形态变化提供的条件决定了资本形态在物质上的变化由可能性变为现实。随着商品和经济的发展，资本及与之密切联系的资本形态也在空间上不断扩展，在形式上不断多样化。这种变化的根本是资本的本

性，而科学技术是这一变化的必要条件，在科学技术推动下，资本从工业资本、农业资本、商业资本和借贷资本这几种形式向服务业资本形态发展，以生产性资本、服务资本等形态存在，这些资本形态可以与不同发展水平的社会生产力相适应，反映了不同的阶段资本运动过程是为追求剩余价值。现实的资本是以一定的形态存在的，并且在流通中资本不断采取不同的形态，只有通过形态的转化，才能完成资本的欲望。

三、资本形态变化对资本主义经济和社会产生了重大的影响

资本流通中的三种形态独立或产生新的资本形态，它们以服务业的形态存在于经济活动中，但它们从劳动生产率、扩展市场范围、减少资源耗费等方面，从量和质两个方面推动了经济的发展。资本形态变化使经济增长的主导力量工业变为服务业，但在服务业中主要是生产性服务业发生着巨大作用。这是由生产资本在企业内部的分工逐渐演变成社会分工的结果。这一变化结果最初在经济领域产生，但它也对资本主义社会产生了深刻变革，它使社会结构发生变化，在资本主义社会中产生了一个中产阶级，改变了资本主义社会发展中一方面是财富的积累，另一方面是贫困的积累的资本积累一般表现形式。

四、服务业发展在整个经济结构中的比重并不是无限增大

首先，第一、第二产业劳动生产率对三次产业的支撑"度"问题。一、二产业与服务业是顺序催生、顺序发展的关系。也就是说，没有前一个产业劳动生产率的绝对高度的发展，产业劳动生产力高度的提升，就没有后一个产业的发生与发展。从历史的观点看，手工业、手工工场、小商品经济，进而第一次工业革命，都是第一次产业的劳动生产率在其自身的范围内达到最大高度时，才出现了第二次产业。同样的道理与逻辑，历经第二次产业革命和第三次产业革命，又对工业化劳动生产率连续不断地革命性提升，创造出丰富的多样化的物质产品和复杂的经济部门分工关系，才使第二次产业孕育出

现代化的第三次产业。所以社会生产力一定水平高度和劳动生产效率的一定高度，可以说是决定产业能否产生发展的临界。它具体表现在前一次产业的生产力所提供的剩余产品、剩余物质资源和剩余劳动智力资源等，到底有多少、有多大规模来开展新的专业分工、新的社会分工，所以，两者成正比例关系。前者，作为支持条件，一旦坍塌就会直接殃及后者。但是，反过来在当今社会三个产业并存的情况下，它们不仅有相互依存的关系还有相互作用的关系。就我们讨论的主题看，第三产业的发展又加速改革提升着第二产业、第一产业。

其次，一个社会发展阶段上的服务业内部各种行业之间的发展依存和平衡"度"问题。众所周知，社会经济是一个有机的整体，这个整体不论是处于它的幼年期还是青壮年期抑或是老年期，都是一个有机体。构成这个有机体的则是不同服务形式、不同服务技术与技能、不同服务效果等的行业、具体资本形态及其组成要素。按照马克思的哲学的整体与局部相互依存、相互制约、相辅相成及其相互转化等观点，各行各业各要素之间也有一个"协调发展度"的问题。如果某个要素条件或几个要素条件，孤立突进到一定程度，服务业总体的"度"被打破，就有可能发生服务业内部的危机。服务业的危机到一定程度与规模，根据反作用原理，或迟或早就会反作用于工农业这样的产业经济、实体经济，那时，全面的经济危机甚至社会危机就会发生。所以，从哲学意义上看，认识与把握好服务业发展的"度"是有重要意义的一件事情。

现实生活中，那些破坏了这种"度"的案例所提供的教训，则从历史与实践意义上诠释了我们对"度"的重要性的主张。亚洲 20 世纪 80 年代的金融危机，日本房地产泡沫危机以及由此带来的日本经济的滞胀倒退，甚至是 2008 年发生的由美国开始的金融危机，这些例子的一个共同点是由服务业中的房地产金融的一些产品的问题开始，这与马克思分析资本主义经济危机发生的起点是一致的，经济危机往往是由金融资本开始的。所以，从根本上讲，如果服务业发展的度远远超过了实体经济所能接受的比例结构，超出了到目前为止的第三次科技革命所创作的劳动生产力和生产生活方式的最大化边际效应的支撑能力，它不仅不会给经济发展带来动力，反而会阻碍经济运行。

参考文献

[1] 马克思，恩格斯．马克思恩格斯选集（第1–4卷）[M].中共中央马克思恩格斯列宁斯大林著作编译局，译.北京：人民出版社，1995.

[2] 马克思，恩格斯．马克思恩格斯全集（第1卷）[M].中共中央马克思恩格斯列宁斯大林著作编译局，译.北京：人民出版社，2002.

[3] 马克思，恩格斯．马克思恩格斯全集（第30卷）[M].中共中央马克思恩格斯列宁斯大林著作编译局，译.北京：人民出版社，1995.

[4] 马克思，恩格斯．马克思恩格斯全集（第31卷）[M].中共中央马克思恩格斯列宁斯大林著作编译局，译.北京：人民出版社，1998.

[5] 马克思，恩格斯．马克思恩格斯全集（第32卷）[M].中共中央马克思恩格斯列宁斯大林著作编译局，译.北京：人民出版社，1998.

[6] 马克思，恩格斯．马克思恩格斯全集（第33卷）[M].中共中央马克思恩格斯列宁斯大林著作编译局，译.北京：人民出版社，2004.

[7] 马克思，恩格斯．马克思恩格斯全集（第34卷）[M].中共中央马克思恩格斯列宁斯大林著作编译局，译.北京：人民出版社，2008.

[8] 马克思．资本论（1–3卷）[M].中共中央马克思恩格斯列宁斯大林著作编译局，译.北京：人民出版社，2004.

[9] 恩格斯．家庭、私有制和国家的起源[M].北京：人民出版社，1972.

[10] 列宁．列宁选集（第1–4卷）[M].中共中央马克思恩格斯列宁斯大林著作编译局，译.北京：人民出版社，1995.

[11] 亚当·斯密．国民财富的性质和原因的研究[M].北京：商务印书馆，1972.

[12] 罗莎·卢森堡．资本积累论[M].彭尘舜，吴纪先，译.北京：生活·读书·新知三联书店，1959.

[13] 鲁道夫·希法亭．金融资本——资本主义最新发展的研究[M].福民，等，译.北京：商务印书馆，1994.

[14] 张其仔.社会资本论——社会资本与经济增长 [M].北京：社会科学文献出版社，1997.

[15] 西斯蒙第.政治经济学新原理 [M].北京：商务印书馆，1983.

[16] 彼得·蒙德尔.经济学解说 [M].北京：经济科学出版社，2000.

[17] 新帕尔格雷夫.经济学大辞典 [M].北京：经济科学出版社，1996.

[18] 何干强.资本论的基本思想与理论逻辑 [M].北京：中国经济出版社，2001.

[19] J·杜丹.古代世界的经济生活 [M].北京：商务印书馆，1963.

[20] 雷麦.外国在华投资 [M].蒋学楷，等，译.北京：商务印书馆，1962.

[21] 约翰·斯图亚特·穆勒.政治经济学原理及其若干对社会哲学的应用 [M].上海：世界书局，1936.

[22] 阿兰·C·格鲁奇.比较经济制度 [M].北京：中国社会科学出版社，1985.

[23] 埃岗·纽伯格，威廉·达菲.比较经济体制——从决策角度进行的比较 [M].北京：商务印书馆，1985.

[24] 保罗·A.萨缪尔森，威廉·D.诺德豪斯.经济学 [M].12 版.胡代光，等，译.北京：中国发展出版社，1992.

[25] 塞缪尔·P.亨廷顿.变革社会中的政治秩序 [M].王冠华，等，译.上海：三联书店，1989.

[26] 约瑟夫·E.斯蒂格利茨，卡尔·E.沃尔升.经济学（上、下）[M].北京：中国人民大学出版社，2010.

[27] 黄少军.服务业与经济增长 [M].北京：经济科学出版社，2000.

[28] 李江帆.第三产业经济学 [M].广州：广东人民出版社，1990.

[29] 江小涓.中国经济运行政策报告服务业的增长与结构 [M].上海：上海财经大学出版社，2004.

[30] 江小涓.中国的对外经济对增长、结构升级和竞争力的贡献 [M].北京：中国人民大学出版社，2002.

[31] 周振华.现代服务业发展研究 [M].上海：上海社会科学院出版社，2005.

[32] 戴伯勋，沈宏达.现代产业经济学 [M].北京：北京经济管理出版社，2001.

[33] 蒲勇健.经济增长方式转变中的产业结构调整与产业政策 [M].北京：华文出版社，2000.

[34] 朱晓明，潘龙清，等.服务外包——把握现代服务业发展新机遇 [M].上海：上海交通大学出版社，2005.

[35] 黄维兵.现代服务经济理论与中国服务业发展 [M].成都：西南财经大学出版社，2003.

[36] 洪远朋.经济理论比较研究 [M].上海：复旦大学出版社，2002.

[37] 杨志.论资本的二重性 [M].北京：经济科学出版社，2002.

[38] 晁钢令.服务产业与现代服务业 [M].上海：上海财经大学出版社，2004.

[39] H.G.格鲁伯，M.A.沃克.服务业的增长原因与影响 [M].上海：三联书店，1993.

[40] 夏炎德.欧美经济史 [M].上海：三联书店，1991.

[41] 黄少军.商品消费、服务消费和经济结构变化——一个微观经济学的分析 [J].华南师范大学学报（社会科学版），2000（2）.

[42] 郑吉昌.现代服务业与经济增长 [M].北京：中国商务出版社，2006.

[43] 刘重.现代服务业发展与预测 [M].天津：天津社科院出版社，2005.

[44] 巨荣良，王丙毅.现代产业经济学 [M].济南：山东人民出版社，2009.

[45] 芮明杰.产业经济学 [M].上海：上海财经大学出版社，2012.

[46] 潘锐.美国国际经济政策研究 [M].上海：上海人民出版社，2013.

[47] 程刚.论服务业生产关系 [M].上海：学林出版社，2016.

[48] 李善同.凸显新经济特点——世界服务业发展趋势 [J].国际贸易，2002（3）.

[49] 李江帆.服务产品的概念 [J].新经济杂志，2005（4）.

[50] 刘志彪.现代服务业的发展：决定因素与政策 [J].江苏社会科学，2005（6）.

[51] 孙承叔.关于资本的哲学思考——读《1857—1858 经济学哲学手稿》[J].东南学术，2005（2）.

[52] 肖锋.信息资本与当代社会形态 [J].哲学动态，2004（5）.

[53] 威廉·格雷德.全球资本主义的疯狂逻辑 [J].张定淮，译.马克思主义与现实，2001（1）.

[54] 曾康霖.虚拟经济：人类经济活动的新领域 [J].当代经济科学，2003（1）.

[55] 胡娜.论当代符号经济的兴起与特点 [J].兰州学刊，2008（5）.

[56] 阎树群，苟小泉，王惠君.当代资本主义新特征透析 [J].西安交通大学学报（社会科学版），2002（1）.

[57] 李琮.西方经济信息化中的结构性变化 [J].世界经济与政治，1998（5）

[58] 庄友刚.中国特色社会主义理论的历史定位 [J].中共南京市委党校学报，2009（1）.

[59] 庄友刚.资本关系在中国现代化进程中的历史定位——从当代风险社会谈起 [J].马克思主义与现实，2008（5）.

[60] 张春敏，肖志家.从资本形态的演变看次贷危机爆发的制度性原因 [J].教学与研究，2009（1）.

[61] 徐国亮，吴秋.资本形式演变与虚拟资本形成的逻辑 [J].甘肃社会科学，2006（3）

[62] 邵腾.回归马克思的资本批判理论深化认识当代资本主义的发展 [J].南京社会科学，2007（1）.

[63] 施雪华.论西方国家资本形式与政治形式的关系 [J].武汉大学学报，2001（5）.

[64] 陈孝兵，李广平.从资本积累运动看雇佣劳动终结的历史必然性——对"资本主义崩溃理论"的再认识 [J].当代经济研究，2002（9）.

[65] 费利群.全球化历史进程与资本主义阶段同步发展及其当代启示——列宁主义全球化理论的思考 [J].山东社会科学，2005（11）.

[66] 丁为民.资本主义发展的历史进程：以新经济为重点的考察 [J].当代经济研究，2001（9）.

[67] 江小涓，李辉.服务业与中国经济相关性和加快增长的潜力 [J].经济研究，2004（1）.

[68] 江小涓.关于侧度服务业发展水平的探讨——几个理论模型及其应用 [J].财贸经济，2004（7）.

[69] 李江帆，潘发令.第三产业消耗系数及依赖度的国际比较 [J].宏观经济研究，2001（5）.

[70] 郑昌吉.服务业革命：对工业发展的影响与前景 [J].工业工程与管理，2004（2）.

[71] 瞿俫峰，段万春，陈朝良.服务型企业的生产率问题研究 [J].云南财贸大学学报，2004（4）.

[72] 李江帆.新型工业化与第三产业发展 [J].经济学动态，2004（1）.

[73] 彭芳春.经济学史中的资本及其性质 [J].江汉论坛，2003（4）.

[74] 钱津.论亚当·斯密对资本用途的分析 [J].贵州财经学院学报，2004（1）.

[75] 曾令秋.马克思一般资本理论与古典学派的对比 [J].四川师范大学学报（社会科学版），2000（5）.

[76] 池元吉.论私人资本主义向社会资本主义的转变——对当代资本主义的分析 [J].吉林大学社会科学学报，2002（6）.

[77] 臧志风.对"资本"等范畴的再认识 [J].理论探讨，1994（6）.

[78] 于金富.确立崭新的资本形式：新型社会资本 [J].中州学刊，2003（5）.

[79] 王路.马克思经济学中的货币与资本 [J].财经问题研究，2003（4）.

[80] 贾后明.资本概念理解上的分歧及派别划分 [J].理论月刊，2003（12）.

[81] 谢振芳.现代服务业与第三产业之辩 [J].山东工商学院学报，2008（3）.

[82] 李志平，白庆华.论现代服务业的内涵及其发展趋势 [J].经济论坛，2006（22）.

[83] 王志明，张斌.现代服务业的内涵界定与分类 [J].上海商业，2009（6）.

[84] 李曙光.中国和俄罗斯服务业发展情况比较分析 [J].经营管理者，2012（12）.

[85] 王婷.中印服务业竞争力的比较 [J].现代商业，2012（18）.

[86] 殷永林.1985 年以来印度服务业快速增长的影响及启示 [J].东南亚南亚研究，2013（1）.

[87] 袁志刚，饶璨.全球化与中国生产服务业发展——基于全球投入产出模型的研究 [J].管理世界，2014（3）.

[88] 吕思铭.中俄服务贸易合作现状、发展潜力与对策分析 [J].对外贸易，2015（1）.

[89] 蒲红霞，马霞.增加值贸易下金砖国家服务贸易竞争力比较分析 [J].亚太经济，2015（1）.

[90] 喻春娇，李家荣.金砖国家服务贸易竞争力比较及其启示 [J].湖北大学学报（哲学社会科学版），2015（9）.

[91] 李冰霜.关于发展现代服务业的问题 [J].党政干部学刊，2009（9）.

[92] 李建民，崔岳春.现代服务业推动产业结构优化的机制研究 [J].工业技术经济，2013（9）.

[93] 雷娟，张莉娜.加快现代服务业发展对产业结构优化的意义 [J].经营管理者，2013（25）.

[94] 王海飞，闫秀霞.现代服务业绩效及其影响因素分析 [J].商场现代化，2013（5）.

[95] 李勇坚，夏杰长.推动城市与服务业互动发展 [J].中国经济导刊，2013（7）.

[96] 伍业锋.产业业态：始自零售业态的理论演进 [J].产经评论，2013（3）.

[97] 顾乃华，毕斗斗，任旺兵.生产性服务业与制造业互动发展：文献综述 [J].经济学家，2006（6）.

[98] 高觉民，李晓慧.生产性服务业与制造业的互动机理：理论与实证 [J].中国工业经济，2011（6）.

[99] 何自力.产业变迁与资本主义的衰落 [J].政治经济学评论，2012（4）.

[100] 张鹏.服务业比重超二产带来的挑战和机遇 [J].经济预测分析（国家信息中心内部刊物），2014（27）.

[101] 简·欧文·詹森.服务经济学 [M].史先诚，译.中国人民大学出版社，2013.

[102] 彭美华.星级酒店个性化服务的内涵及策略探讨 [J].中国商论，2015（26）.

[103] 解梅娟.大力发展电子商务 打造长春经济新的增长点 [J]. 长春市委党校学报，2015（2）.

[104] 蒙玉玲，彭永芳，初汉芳.现代服务业发展的经济增长点选择和实施路径——以河北省为例 [J]. 商业经济研究，2015（23）.

[105] 邓向阳，荆亚萍.中国文化产业新业态创新模式及其发展策略 [J]. 中国出版，2015（16）.

[106] 刘启云.现代服务业理论研究综述 [J]. 对外经贸，2014（12）.

[107] 陈雪钧，郑向敏.饭店业态创新模式研究 [J]. 商业时代，2013（19）.

[108] 韩全枝.马克思的资本概念 [D]. 郑州：河南大学，2008.

[109] 邵腾.回归马克思的资本批判理论 深化认识当代资本主义的发展 [J]. 南京社会科学，2007（2）.

[110] 汪丁丁.资本概念的三个基本维度——及资本人格的个性化演变路径 [J]. 哲学研究，2006（10）.

[111] 聂亚珍.马克思资本观的再认识 [J]. 湖北民族学院学报（哲学社会科学版），2006（2）.

[112] 张洁，芮明杰.现代服务业发展模式及其国际借鉴 [J]. 改革，2010（5）.

[113] 刘成林.现代服务业发展的理论与系统研究 [D]. 天津：天津大学，2007.

[114] 王晶晶.服务业 FDI 溢出机制的理论与实证研究 [D]. 南京：南京大学，2014.

[115] 袁丹.产业集聚视角下生产性服务业效率的差异性分析 [D]. 西安：陕西师范大学，2015.

[116] 杨慧芳.服务业发展不同阶段的产业序列研究 [D]. 南京：南京财经大学，2011.

[117] 杨建伟.论资本形态的历史演进 [D]. 苏州：苏州大学，2010.

[118] 吕立志.马克思资本理论当代性研究 [D]. 南京：南京航空航天大学，2007.

[119] Colin Clark. The conditions of economic progress[M]. London：Macmillian，1940.

[120] Robert Summers. Sevices in the international economy. in Robert P. Inman，managing the service economy：prospects and problems[M]. NewYork：Cambrudge University Press，1985，

[121] Rodney E. Falvey，Norman Gemmell. Are services icome-elastic? some new evidence[J]. Review of Income and Wealth，1996，42（3）.

[122] OECD: service statistics on value added and employment 2000[EB/OL]. http：//www.oecd.org.

[123] Paola Pisano，Marco Pironti，Alison Rieple. Identify innovative business models：can innovative business models enable players to react to ongoing or unpredictable trends?[J]. Entrepreneurship Research Journal，2015（3）.

[124] Mehdi Adda，Rabeb Saad. A data sharing strategy and a DSL for service discovery，selection and consumption for the lot[J]. Procedia Computer Science ，2014.